方言の発見

知られざる地域差を知る

小林隆　篠崎晃一　編

はじめに
──未知なる地域差の世界へ──

　方言学の最新の課題は何だろうか。これについては、『シリーズ方言学』(2006〜2008、岩波書店)が、「方言文法論」「方言形成論」「方言機能論」の3つ課題を掲げ、それをサポートする技術論についても取り上げている。
　このうち、「方言文法論」は方言のしくみを扱い、「方言形成論」は方言の成立を考える。前者は方言学にとっての基礎的テーマの復興であり、後者は究極のテーマへの再挑戦である。また、「方言機能論」は方言の社会的役割を解明するもので、現代という時代に特有なテーマといえる。考えてみると、これらの課題の浮上は、方言学の歩みに沿って誕生してきた研究分野、すなわち、記述方言学、歴史方言学(方言地理学・比較方言学など)、社会方言学の3つが、今、それぞれに新たな展開を見せつつあることを意味している。
　ところで、以上のような新しい展開は、方言学の発展にとって頼もしいことではあるが、まだ何かが足りないような気がする。それは、記述方言学、歴史方言学、社会方言学といった研究の立場を超えたところにある、もっと根源的な興味の問題である。方言学の根源的な興味とは「日本語にはどんな地域差があるか？」という問いかけであろう。それはつまり、これまで知られていない方言の地域差を知りたいという欲求であり、研究対象とすべき言葉の種類の拡大を方言学に期待することでもある。これは、料理において、同じ素材に対して調理法を工夫するだけでなく、そもそも料理の対象となる新しい素材を見つけ出すことにも似ている。料理の素材の開拓と同様、方言

学も新しい素材を探し続けていきたい。本書の目的は、まさに、そうした未知なる地域差の開拓にある。

　それでは、どのような分野の地域差がまだあまり知られていないのだろうか。音韻やアクセントは大きく研究が進んでいる。語彙の多くの部分と、形態や意味を中心とした狭義の文法も、地域差がかなりわかってきている。一方、イントネーションや言語行動、談話展開といった分野は、まだあまり地域差が解明されていない。語彙の中でも、オノマトペや感動詞などは同様であろう。文法といっても表現法のレベルになると研究が遅れているのが現状である。本書はそうした方言学にとっての未開拓の分野に分け入ろうとするものである。

　ところで、それらの分野はなぜ研究が遅れているのだろうか。逆にいえば、これらの分野の研究にとって何が必要なのだろうか。ひとつには、ほとんどの分野において構造が不明瞭でとらえにくいという点が挙げられる。したがって、研究単位の設定をはじめ、曖昧な仕組みを把握するための方法論の検討が求められる。また、現象を要素的に扱うのではなく、談話の中で語用論的にとらえる必要もあるだろう。さらに、未開拓の分野は、人間の心理や感情に左右されやすい世界でもあり、その影響にも注意を払わなければならない。心理・感情に影響を受けるということは、個人差を生じやすく、地域差が明確に現れてこないという難しさにもつながる。分析方法の精密化を図る努力とともに、量的なアプローチや鳥瞰的な把握などによって大まかな傾向をつかみとる工夫も必要となる。

　こうした困難さは予想されるものの、未知なる地域差を発見する楽しみは尽きるところがない。これまで、個人の性格による違いだと思い込んでいた現象が、実は方言的な地域差に裏打ちされたものであったというような素朴な発見もあるだろう。一方、方言そのもののあり方に関する従来の見方に、再考を迫るような発見もありうるかもしれない。特に、本書が取り上げる分野は、狭い意味での形と意味の世界を超え、地域の人々に宿る言葉を操る発想法にまで深めて考えることが可能な世界である。その点で、未知なる地域差の発見は、言葉を表面的な現象としてではなく、社会や文化の中でより深

く理解しようとする方言学の開拓につながることも期待される。

　日本語の方言には、まだまだ知られざる地域差が隠されている。本書を読んだみなさんが、そうした未知なる方言の発見に興味をもってくださり、新たな方言学の開拓に一緒にチャレンジしてくだされば幸いである。

編者

目　次

はじめに――未知なる地域差の世界へ――　　　　　　　　　　　　　　iii

【イントネーション】

イントネーションの地域差――質問文のイントネーション――　　　1
　　　　　　　　　　　　　　　　　　　　　　　　木部暢子
　1.　質問文は上昇調か　　　　　　　　　　　　　　　　　　　　　1
　2.　語形式とイントネーションの関係　　　　　　　　　　　　　　5
　3.　諸方言イントネーションの類型　　　　　　　　　　　　　　　6
　　　3.1.　上昇調タイプ　　　　　　　　　　　　　　　　　　　　7
　　　3.2.　下降調タイプ　　　　　　　　　　　　　　　　　　　　9
　　　3.3.　相補タイプ　　　　　　　　　　　　　　　　　　　　 11
　　　3.4.　完全下降調タイプ　　　　　　　　　　　　　　　　　 15
　　　3.5.　福岡市方言のイントネーション　　　　　　　　　　　 15
　4.　方言イントネーション調査の問題点　　　　　　　　　　　　 19

【オノマトペ】

オノマトペの地域差と歴史――「大声で泣く様子」について――　21
　　　　　　　　　　　　　　　　　　　　　　　　小林　隆
　1.　オノマトペ研究の課題　　　　　　　　　　　　　　　　　　21
　2.　本論のねらいと資料　　　　　　　　　　　　　　　　　　　22
　3.　オノマトペの種類と分類　　　　　　　　　　　　　　　　　23

3.1. 前部要素の特徴 24
　　　3.2. 後部要素の特徴 26
　4. オノマトペの地理的分布と通時的解釈 28
　　　4.1. 全体の概観 28
　　　4.2. オ-系とワ-系の詳細 30
　　　4.3. 文献での出現状況 35
　　　4.4. 方言と文献の対照 37
　5. オノマトペ使用の有無と地域差 41
　6. まとめ 45

【感動詞】

応答詞の地域差 49
友定賢治

　1. はじめに 49
　2. 否定応答詞の地域差 51
　3. 『方言文法全国地図4』の「いや、有るよ」(第165図) 52
　4. 否定応答詞の地域差 54
　5. 否定応答詞の音声と意味 59
　　　5.1. 語頭音の「イ」と「ウ」の対立 60
　　　5.2. 語中の「ン」と「ー」 60
　　　5.3. 「〜ンニャ」の音形 60
　6. 否定応答詞の音調 61
　　　6.1. 強調の音調の地域差 61
　7. 肯定の応答詞の地域性—方言集より— 62
　8. おわりに 64

感動詞の地域差と歴史―「失敗の感動詞」を例として― 67
澤村美幸

1. はじめに 67
2. 失敗の感動詞の方言分布 68
   2.1. 調査・地図化の方法と本論の対象 68
   2.2. 方言分布の概観 70
3. 文献での現れ方と方言分布の対照 72
   3.1. (a)文献でも失敗の感動詞としての用例が確認できるもの 72
   3.2. (b)文献での用例は確認できるが、意味がずれているもの 73
   3.3. (c)文献では感動詞の用例は確認できないが、他の品詞としての用例はあるもの 79
   3.4. (d)文献では全く用例が見られないもの 80
   3.5. ここまでのまとめ 80
4. 感動詞の地域差が意味する歴史的傾向 83
   4.1. 語形の出自の地域差―非概念系から概念系へ― 83
   4.2. 表現の定型化の地域差―非定型から定型へ― 87
5. まとめと今後の課題 90

【言語行動】

ポライトネスの地域差 93
陣内正敬

1. はじめに 93
2. ポライトネス研究をめぐって 95
   2.1. politeness とポライトネス 95
   2.2. ポライトネス研究の高まり 96
3. ポライトネスの時代性 97
   3.1. ポライトネスの変容 97

	3.2. 敬語のゆれ・乱れ	98
	3.3. ポジティブ・ポライトネスとしての方言使用	99
4.	ポライトネスの地域差	99
	4.1. ボケ・ツッコミ好感度、失敗談の披露	100
	4.2. 会話スタイル	101
5.	ポライトネス摩擦	104

働きかけ方の地域差　　　　　　　　　　　　　　　107
　　　　　　　　　　　　　　　　　　　　　篠崎晃一

1.	はじめに	107
2.	地域差の発見	108
	2.1. 機能の現れ方	108
	2.2. 機能の組み立て順序	111
	2.3. 行動の有無	113
3.	調査の方法	114
4.	今後の課題	117

卑罵表現の地域差　　　　　　　　　　　　　　　119
　　　　　　　　　　　　　　　　　　　　　西尾純二

1.	卑罵表現研究の対象	119
2.	卑罵表現の地域差研究の意義	121
	2.1. 卑罵語の地域差研究	121
	2.2. 卑罵表現の地域差研究	123
3.	言語記号としての卑罵語の地域差	125
	3.1. 卑罵語の品詞性の地域差	125
	3.2. 関西方言の卑語形式「ヨル」―待遇表現体系の地域性―	126
4.	マイナス評価を表明する方法の地域差	129

5.	場面・評価・表現—卑罵表現研究の方法論—	133
6.	おわりに	135

【談話】

談話展開の地域差 　　　　　　　　　　　　　　　　　　　137
　　　　　　　　　　　　　久木田　恵

1.	はじめに	137
2.	愛知県方言の談話展開の方法	138
	2.1. 尾張方言の場合	138
	2.2. 三河方言の場合	144
3.	関西方言の談話展開の方法	149
4.	東京方言の談話展開の方法	153
5.	まとめ	158

方言談話論の対象と方法 　　　　　　　　　　　　　　　　161
　　　　　　　　　　　　　沖　裕子

1.	はじめに	161
2.	談話の記号的特徴の研究	162
	2.1. 談話の形態・意味・意図と結節法	162
	2.2. 談話結節論の現在	164
3.	談話の様式的表現的特徴の研究	165
	3.1. 文体と話体	165
	3.2. 談話の様式的・表現的特徴	167
	3.3. 話体論と表現論の現在	170
4.	談話の心理的社会的文化的特徴の研究	172
	4.1. 談話と言語外現実との関係	172
	4.2. 言語行動論の現在	174

5.	談話論の3領域と2視点	175
6.	おわりに	177

【比喩】

方言比喩語の地域差―比喩の素材および関係に着目して― 183

半沢幹一

1.	はじめに	183
	1.1. 研究状況	183
	1.2. 整理・分析方法	184
2.	比喩の素材および関係の全国概観	187
	2.1. 全体の比喩素材と比喩関係	187
	2.2. 比喩素材の具体例	190
3.	比喩の素材および関係の地域差	192
	3.1. 地域別の比喩素材および比喩関係	192
	3.2. 比喩の素材および関係の地域共通度	195
3.	おわりに	198

索引	203
執筆者紹介	206

【イントネーション】

イントネーションの地域差
―質問文のイントネーション―

木部暢子

1. 質問文は上昇調か

　鹿児島方言では、質問文でも文末が上昇しないことが多い。図1、図2に科研費重点領域研究「日本語音声」CDの中の鹿児島方言の「コヤ　カンヤ」(これは紙か?)、「キュモ　ノットカ」(今日も乗るのか?)の発話のピッチ図を挙げておいた(音声分析にはSUGI Speech Analyzerを使用した)。これを見ると、文末詞「ヤ」や「カ」の音調が文末に向けて、どんどん下降しているのが分かる。

　東京方言などでは一般に、質問文の文末は上昇調になるので、下降調で質問を表すこのようなイントネーションは特殊なように思われがちだが、諸方

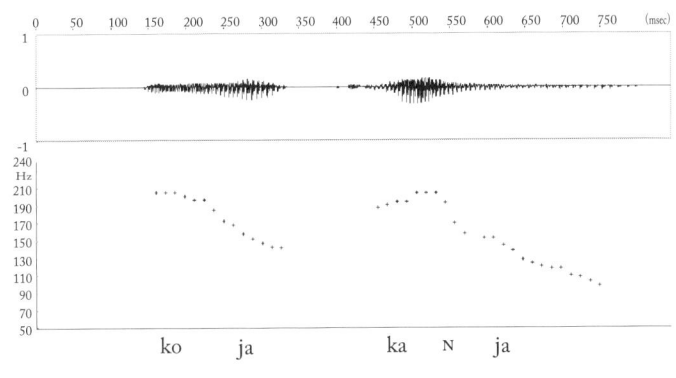

図1　鹿児島「これは紙か？」

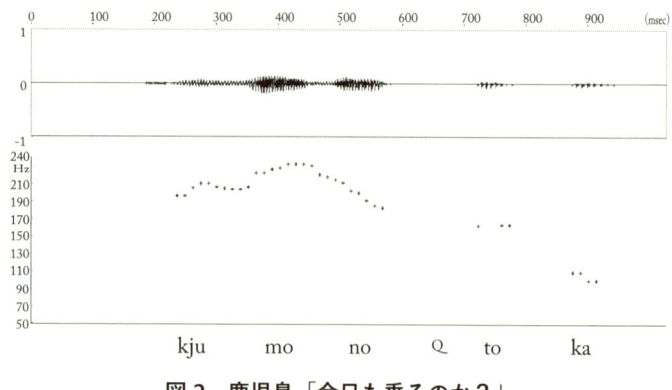

図2　鹿児島「今日も乗るのか？」

言のイントネーションを観察してみると、質問文でも文末が上昇しない方言は、結構ある。「日本語音声」CDの中から拾ってみると、青森県八戸市、岩手県宮古市、富山市、新潟県佐渡、山口県見島、佐賀市、熊本県天草、長崎市、宮崎県都城市、鹿児島県屋久島、鹿児島県喜界島などの方言がそうである。また、科研費木部代表（2009）にも、質問文が下降調で現れるデータがかなりある。その中から青森県五所川原の「クスリノムダナー」（薬のむか？）、富山市の「イマクスリノンガケー」（今薬飲むか？）を図3、4に挙げておく。

　いっぽう、関東や関西では質問文の文末が下降調になることは少なく、ほ

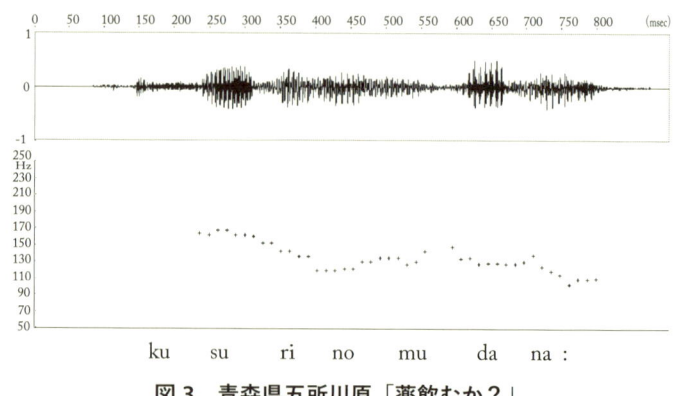

図3　青森県五所川原「薬飲むか？」

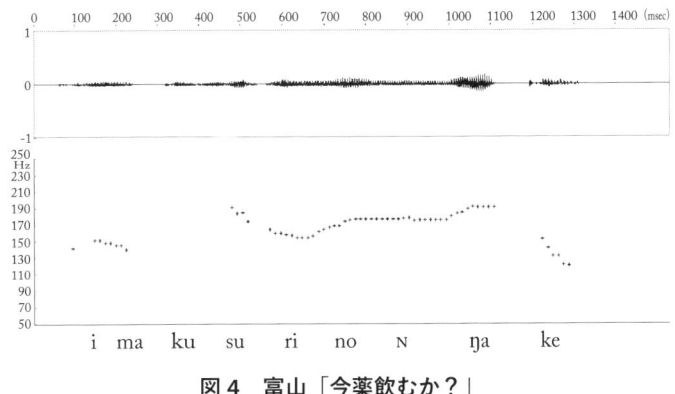

図4 富山「今薬飲むか？」

とんどが上昇調になる。図5、6は「日本語音声」CDの千葉県銚子市の「コレ　カミガ」(これ紙か？)、「キョー　モノルガ」(今日も乗るか？)の発話のピッチ図、図7は木部代表(2009)の三重県津市の「クスリオ　ノムカ」(薬を飲むか？)のピッチ図である。いずれも文末が上昇している。

このような全国の状況を見ると、日本の中央部に質問文を上昇調で言う方言が分布し、東北、北陸、九州のような日本の周辺部に下降調で言う方言が分布していて、周圏論的分布の様相を呈している。ただし、このことから質問文を下降調で発音する方が上昇調で発音するよりも古い姿であると単純に推定することはできない。なぜならば、後に述べるように、質問文のイント

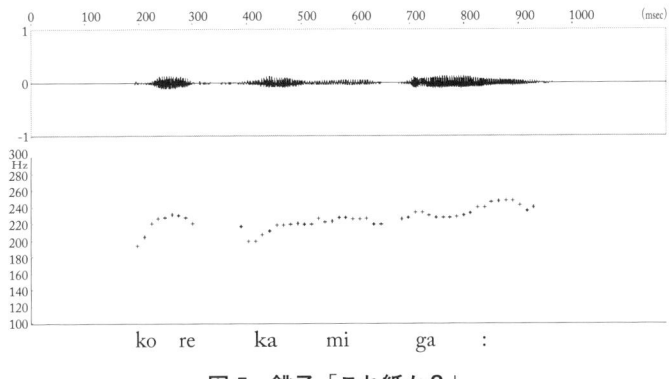

図5　銚子「これ紙か？」

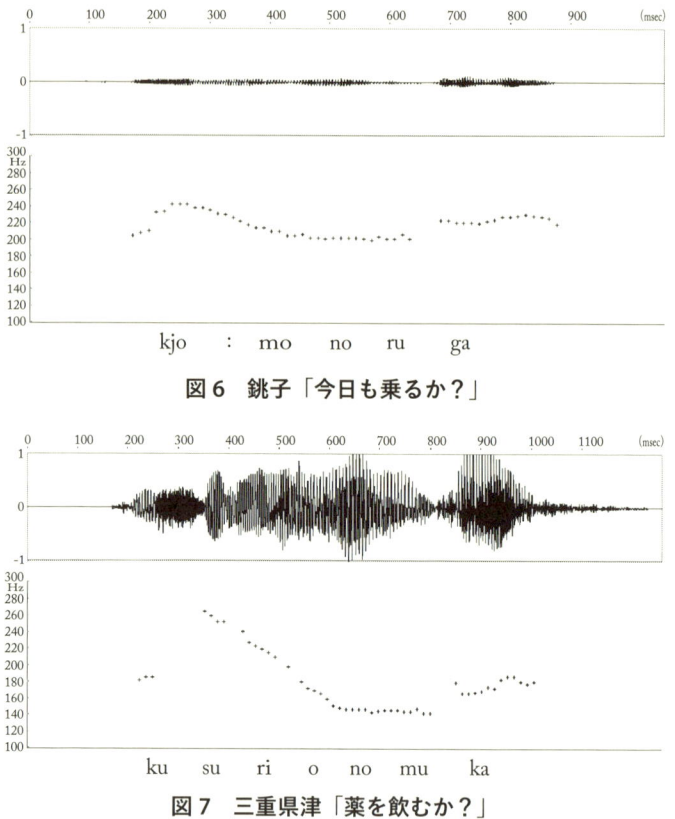

図6 銚子「今日も乗るか？」

図7 三重県津「薬を飲むか？」

ネーションには、文中の疑問詞や質問を表す文末詞の有無、どのような態度で相手に質問するかといったモーダルな意味が深く関わっており、中央からの伝播によって下降調が上昇調に変わる、というような単純な図式では解釈できないからである。イントネーションの地域差の比較には、分布と同時に各方言のイントネーション・システムの整理が必要なのである（イントネーションが伝播しないといっているわけではない。尻上がり音調や半疑問、とびはね音調などは明らかに中央から地方へ伝播しており、イントネーションがどうやって地方へ伝播するかの参考になる）。

　では、イントネーション・システムはどうやって整理・記述すればよいの

だろうか。じつはこれまで、諸方言イントネーションを比較するための統一的な枠組みが確立していなかった。この点がアクセント研究と大きく異なる点である。このことをふまえ、以下ではイントネーション・システムをどう記述するかの問題を含めて、質問のイントネーションの地域差について見ていきたい。なお、イントネーションを表す記号として、「↑」を上昇調の意味で、「↓」を下降調の意味で使用する。

2. 語形式とイントネーションの関係

あることを相手に質問したいと思ったとき、それを表現するには、質問を表す語形式(疑問詞や文末詞など)を使うか、質問を表すイントネーション(一般的には上昇調)を使うかの2通りの方法がある。両者の関係は、理論的には以下のように考えられる。

語形式＼イントネーション	上昇調	下降調	例文
(1)質問を表す語を使う			
(1a)疑問詞	○	○	何が欲しい(か)
(1b)文末詞	○	○	何か欲しいか、あれは船か
(2)質問を表す語を使わない	○	×	何か欲しい、あれは船

(○は質問文が成立することを、×は成立しないことを表す)

(1)は質問を表す語形式を使う場合で、日本語では(1a)疑問詞と(1b)質問を表す文末詞がその典型である。疑問詞と文末詞の両方を使うこともある。いずれにしても、発話の中にこれらの語があれば、これにより質問という文の意味が保証されるので、文末のイントネーションは上昇調でも下降調でもよい。ただし、上昇調、下降調がアトランダムに現れるわけではなく、通常は社会の習慣としてどちらの音調がより一般的であるかが決まっている。たとえば、英語のWH疑問文は下降調で発音されるのが一般的で、もし、上昇調で発音されたとすると、驚きや強い回答要求など、モーダルな意味が付

け加わった質問文になる。これとは逆に、Yes-No 疑問文は上昇調の方が一般的である。

語形式 \ イントネーション	上昇調	下降調	例文
(1)質問を表す語や構文を使う			
(1a)WH 疑問文	@	○	What is this?
(1b)Yes-No 疑問文	○	@	Is this your book?

(@はモーダルな意味の加わった質問文であることを表す)

　(2)は質問を表す語形式を使わない場合である。この場合、その発話を質問文にするためには、イントネーションの力を借りなければならない。普通は上昇調で質問を表すことが多く、もし、下降調を使ったとしたら質問文ではなく描写文、判断文になる。ここでは、上昇調が疑問詞や質問の文末詞の代理をしているわけである。

3. 諸方言イントネーションの類型

　では具体的に、日本語諸方言の語形式と文末イントネーションの関係は、どのようになっているのだろうか。「日本語音声」CD の質問文の項目から発話例を集めてみると、諸方言には3つのタイプがあることが分かる。

（1）　上昇調タイプ：疑問詞や質問の文末詞の有無にかかわらず、上昇調となる。東京方言など。

語形式 \ イントネーション	上昇調	下降調	例文
(1)質問を表す語がある			
(1a)疑問詞	○	@	何が欲しい、これは何
(1b)文末詞	×	×	×
(2)質問を表す語がない	○	×	何か欲しい、これは船

（2）下降調タイプ：疑問詞や質問の文末詞が必ず文中に現れ、イントネーションは下降調になる。鹿児島方言など。

語形式＼イントネーション	上昇調	下降調	例文
(1)質問を表す語がある			
(1a)疑問詞	@	○	ナイガホシカカ、コヤナイカ
(1b)文末詞	@	○	ナンカホシカカ、コヤフネカ
(2)質問を表す語がない	×	×	×

（3）相補タイプ：質問を表す語形式が文中にあれば下降調、なければ上昇調になる。長野県松本市方言など。

語形式＼イントネーション	上昇調	下降調	例文
(1)質問を表す語がある			
(1a)疑問詞	@	○	何が欲しい、こりゃ何だ
(1b)文末詞	未確認	未確認	
(2)質問を表す語がない	○	×	何か欲しい、これ船

それぞれについて具体例を見ることにしよう。

3.1. 上昇調タイプ

　東京は典型的な上昇調タイプの方言である。図8は東京方言の「何が欲しい？」「何か欲しい？」、図9は同じく「これ何？」のピッチ図であるが、いずれも最後が上向きの曲線を描いていて、疑問詞の有無にかかわらず、末尾が上昇している（「何か欲しい」の「何」は疑問詞ではなく、不定の代名詞である）。疑問詞のある文は下降調で発話されることもあるが、「何が欲しい↓」「これ何↓」は相手を問い正すような質問文になる。このことから、東京方言では質問文が上昇調になるのが普通で、下降調になると、ある特殊な意味の加わった質問になるというシステムをもっていることが分かる。

8　イントネーション

　先にあげた(1)の表の文末詞の欄が「×」になっているのは、東京方言には質問を表す文末詞がないという意味である。「何か欲しいか？」のような文末の「か」がこれに該当するのではないかと思われるかもしれないが、前述の語形式とイントネーションの関係に照らしてみると、「〜か」は上昇調のときだけ質問を表し、下降調だと質問ではなく話し手自身の納得を表す。つまり、「〜か」は上昇のイントネーションの力を借りて初めて質問文になるわけで、このようなものは質問を表す文末詞とはいえない。
　東京のようなタイプの方言は、他に関東や関西、中国地方などに広く分布している。京都方言の「ナニガホシイ」(何が欲しい？)、「ナンゾホシイ」(何

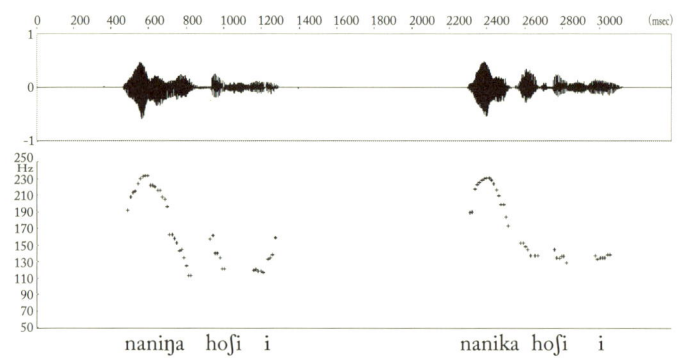

図8　東京「何が欲しい？」「何か欲しい？」

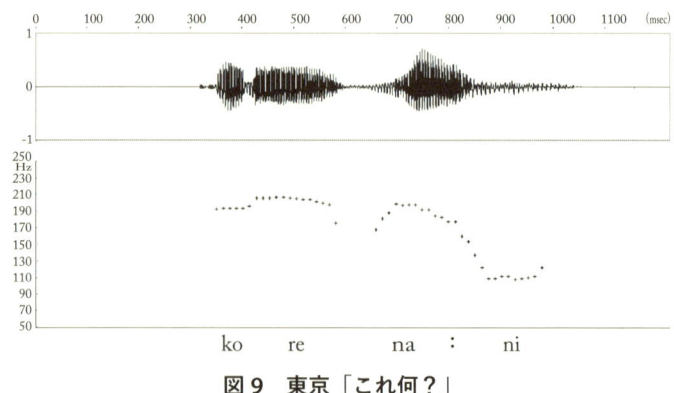

図9　東京「これ何？」

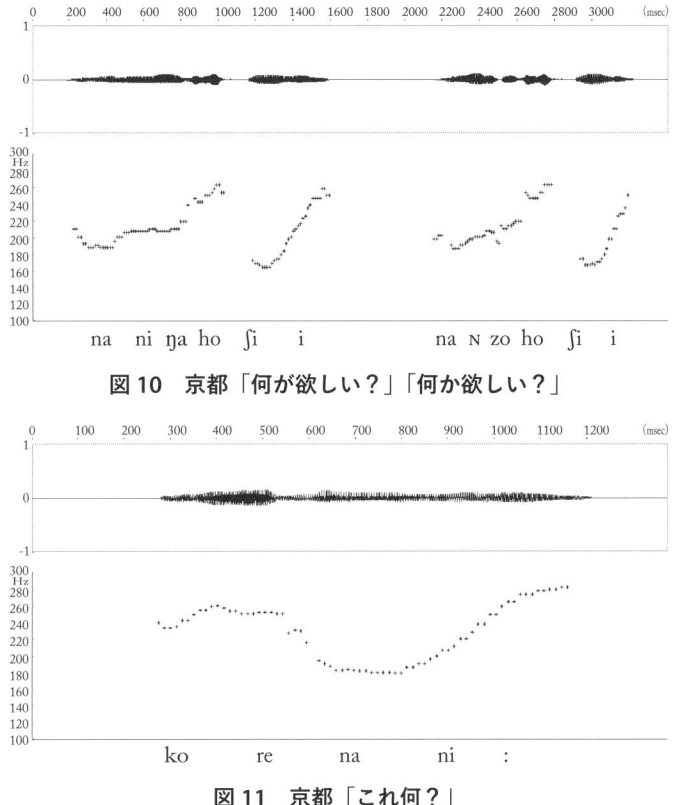

図10　京都「何が欲しい？」「何か欲しい？」

図11　京都「これ何？」

か欲しい？）(図10)、「コレナニ」(これ何？)(図11)のピッチ図を挙げておく。

3.2. 下降調タイプ

　下降調タイプの典型は、鹿児島方言である。以下に鹿児島方言の「ナイガ　ホシカカ」(何が欲しい？)、「ナイカ　ホシカ」(何か欲しい？)(図12)、「コヤ　ナイヨ」(これは何？)(図13)のピッチ図を挙げておく。

　鹿児島方言では文の成立にとって文末詞が必須である。図12では質問を表す「カ」が文末に現れて文が完成し(「ホシカカ」は形容詞ホシカ(カ語尾)

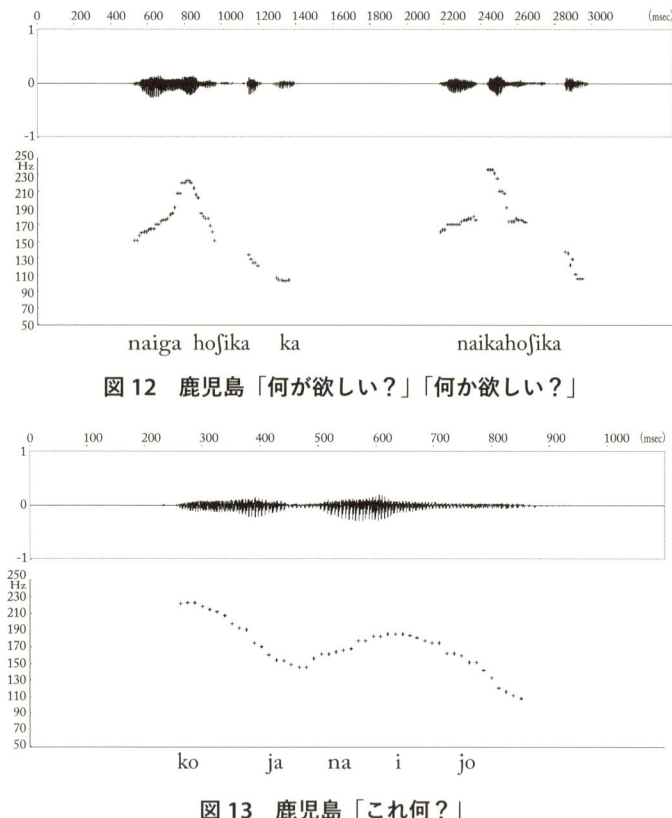

図12　鹿児島「何が欲しい？」「何か欲しい？」

図13　鹿児島「これ何？」

＋文末詞カ、「ホシカ」は形容詞ホシイ（イ語尾）＋文末詞カ）、図13では文末詞「ヨ」が現れて文が完成しているが、これらの文末詞がほとんど下降調になっている。

　ただ、ときによってはこれらの文が上昇調で発音されることもある。その場合は下降調に比べて丁寧、強い回答要求、驚きなどの意味が付加される。このことから、鹿児島方言の質問文は下降調になるのが普通で、上昇調では丁寧、強い回答要求などの意味の加わった質問を表すというシステムをもっていることが分かる。

　鹿児島方言と同じパターンをもつ方言は、他に熊本県天草方言、長崎方言

など、九州に多い。以下に長崎方言の「ナンノ　ホシカト」(何が欲しい？)、「ナンカ　ホシカト」(何か欲しい？)(図14)、「コレ　ナンヘ」(これ何？)(図15)のピッチ図を挙げておく。

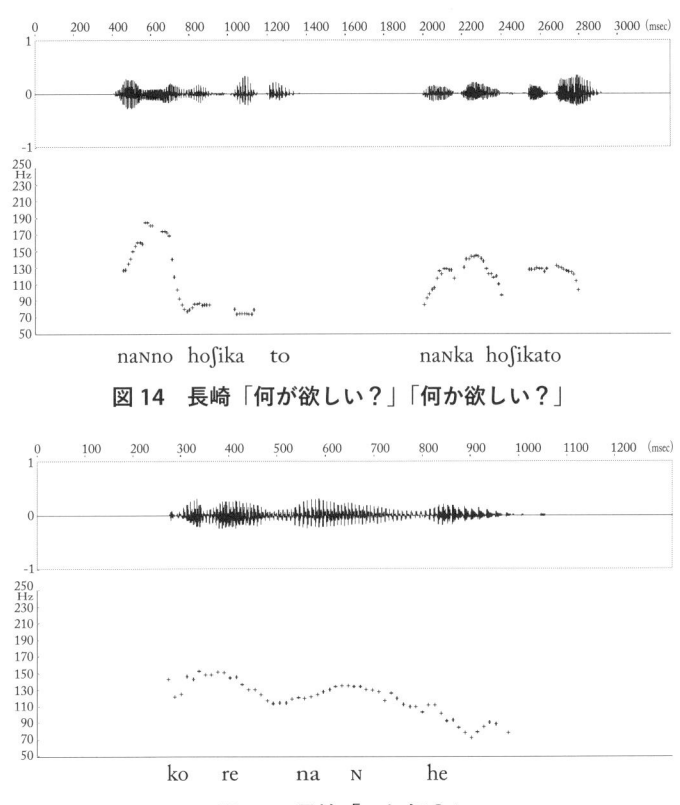

図14　長崎「何が欲しい？」「何か欲しい？」

図15　長崎「これ何？」

3.3. 相補タイプ

　質問を表す語形式が文中にあれば下降調、なければ上昇調になるというように、語形式とイントネーションが相補うように働いて質問文を作るタイプを相補タイプと呼ぶことにする。先に挙げた英語のWH疑問文とYes-No疑問文はこのタイプ、日本語諸方言では長野県松本市方言がこのタイプであ

る。以下に松本市方言の「ナニガ　ホシイ」（何が欲しい？）、「ナンカ　ホシイ」（何か欲しい？）（図16）、「コリャー　ナンダ」（これは何だ？）（図17）のピッチ図を挙げておく。図16の2つの発話のピッチを比較すると、「ナニガ～」は下降調、「ナニカ～」は上昇調になっていて、語形式とイントネーションが相補的であることがよく分かるだろう。図18の「ダレト　キョートエ　イッタ」（誰と京都へ行った）と図19の「ハナコト　キョートエ　イッタ」（花子と京都へ行った？）も同じである。

　相補タイプの方言は、「日本語音声」のCDの範囲では、群馬県六合村、広島市などに見ることができる。広島市方言の「ナンガ　ホシイ」（何が欲しい？）、「ナンカ　ホシイ」（何か欲しい？）（図20）、「ダレト　キョートエ　イッタン」（誰と京都へ行ったの？）（図21）、「ハナコト　キョートエ　イッタン」（花子と京都へ行ったの？）（図22）のピッチ図を挙げておく。

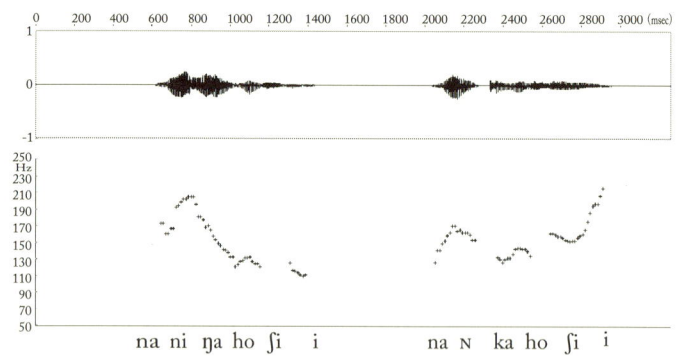

図16　松本「何が欲しい？」「何か欲しい？」

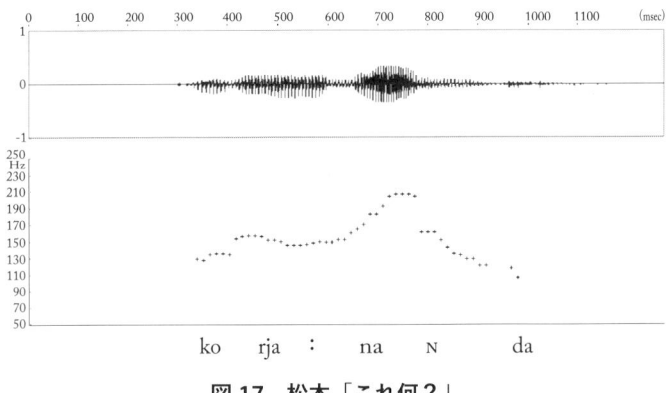

図17 松本「これ何?」

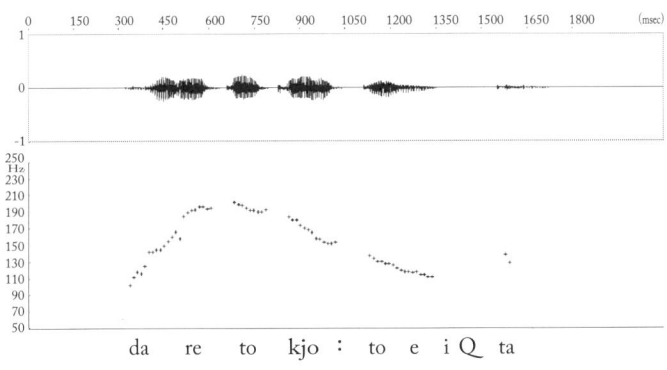

図18 松本「誰と京都へ行った?」

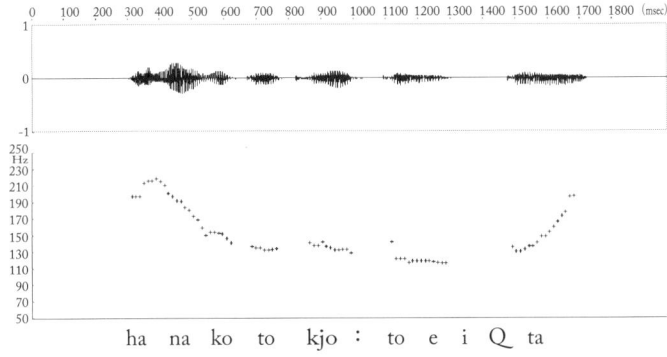

図19 松本「花子と京都へ行った?」

14　イントネーション

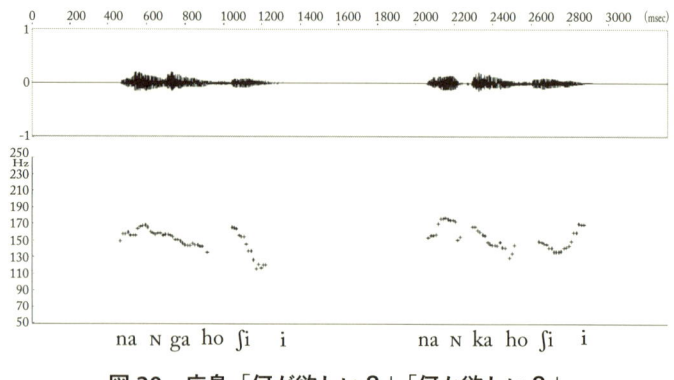

図20　広島「何が欲しい？」「何か欲しい？」

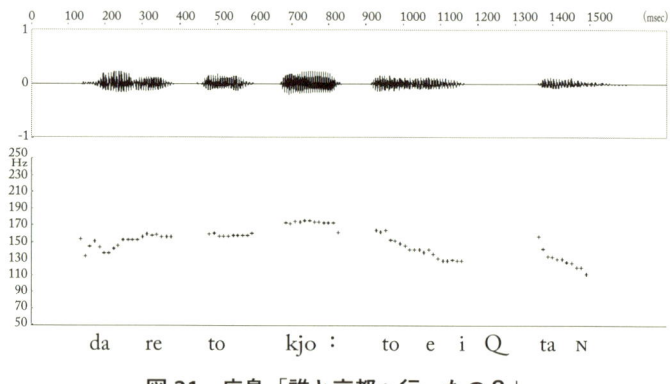

図21　広島「誰と京都へ行ったの？」

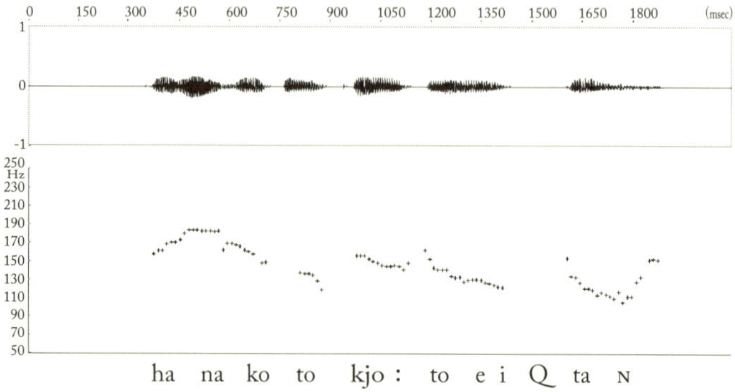

図22　広島「花子と京都へ行ったの？」

3.4. 完全下降調タイプ

　以上の3タイプの他に、可能生としては完全下降調タイプが考えられる。質問を表す語形式の有無にかかわらず、下降調で質問文を表すというようなものであるが、「日本語音声」CDや木部代表（2009）の範囲では、このような方言は見あたらなかった。調査が進めば、あるいはこのような方言が出てくるかもしれない。

語形式＼イントネーション	上昇調	下降調	例文
(1)質問を表す語がある			
(1a)疑問詞	＠	〇	何が欲しいか
(1b)文末詞	＠	〇	何か欲しいか、あれは船か
(2)質問を表す語がない	＠	〇	何か欲しい、あれは船

　また、ここまでの類型では昇降調（1音節内で上がって下がる音調）や下降上昇調（1音節内で下がって上がる音調）などの曲調を考慮していない。曲調は上昇調、下降調の組み合わせとも、独立した1つのイントネーションとも考えることができるが、どちらにしても疑問詞や文末詞などの語形式との共起関係や、曲調のときと非曲調のときとの文の意味の違いなどを勘案して、方言ごとに曲調の位置づけを決める必要がある。

3.5. 福岡市方言のイントネーション

　福岡方言には、疑問詞があるとその右側のアクセントが文末の疑問助詞まで消去される（WH…………Q（Qはinterrogative mark））という規則がある（早田（1985）、久保（1990））。「日本語音声」CDから福岡市の質問文を拾ってみると、疑問詞のない「ナンカ　ホシカナ（何か欲しい？）」（図23）では語のアクセントが実現しているのに対し、疑問詞のある「ナニガ　ホシカナ（何が欲しい？）」（図23）と「ナンバ　ノムナ、ナンバ　ノムト（何を飲むの？）」（図24）では、やはりピッチがゆるやかな上昇調を描いている。

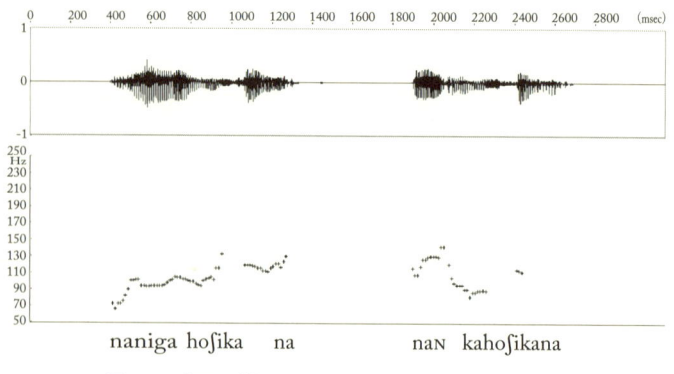

図23　福岡「何が欲しい？」「何か欲しい？」

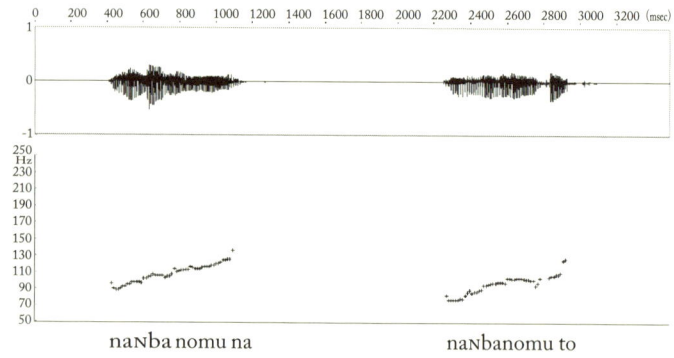

図24　福岡「何を飲む？」

　ゆるやかなピッチ上昇は質問の文末詞「ト」にも現れる。たとえば、「ノラント（乗らないの？）」（図25）、「ミズバ　ノムト（水を飲むの？）」（図26）がそうである。文末詞「ナ」ではアクセントの消去と文末詞へ向かってのゆるやかな上昇が起きないので、同じ「乗らないの？」「水を飲むの？」という意味でも、「ノランナ」と「ノラント」（図25）、「ミズバ　ノムナ」と「ミズバ　ノムト」（図26）はピッチパターンが大きく異なる。
　以上をまとめると、福岡市方言の質問文のイントネーションには、次の3つのパターンがあるということになる。

（1） 疑問詞があればアクセントが消去され、漸上昇（WH…to WH…na）
（2） 疑問詞がなく文末詞が「ト」の場合は「ト」を含む文節のみアクセントが消去され、漸上昇（…………to）
（3） 疑問詞がなく文末詞が「ナ」の場合は語のアクセントはそのままで、「ナ」が上昇調（…………na↑）

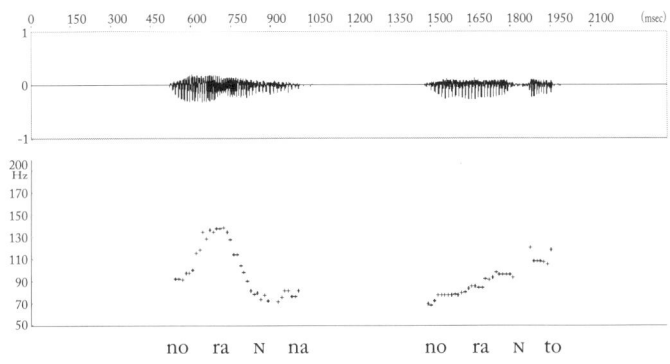

図25　福岡「乗らないの？」

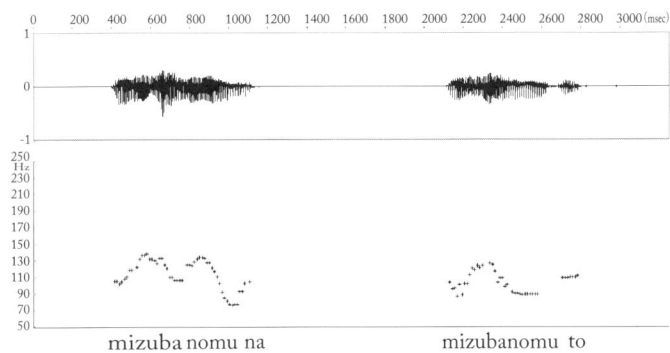

図26　福岡「水を飲むの？」

　では、福岡と同じようなパターンをもつ方言は他にないのだろうか。「日本語音声」CDからは、長崎県壱岐郷ノ浦の「ナニバ　ノムデ（何を飲む？）」（図27）の例を、木部代表（2009）からは、長崎県対馬厳原の「ダレガ

イクトヤ(誰が行くのか？)」(図28)の例を拾うことができる。木部代表(2009)の図29「コンサケ　ダレガノムトヤ(この酒、誰が飲むのか)」ではゆるやかな上昇ではなく、ゆるやかな下降で現れているが、疑問詞より右側では、やはり語のアクセントがほとんど実現しておらず、自然下降により上昇が押さえられ、このようになったものと思われる。壱岐、対馬は長崎県に属するが、交通の面では福岡市に近く、そのようなことが関係しているのかもしれない。

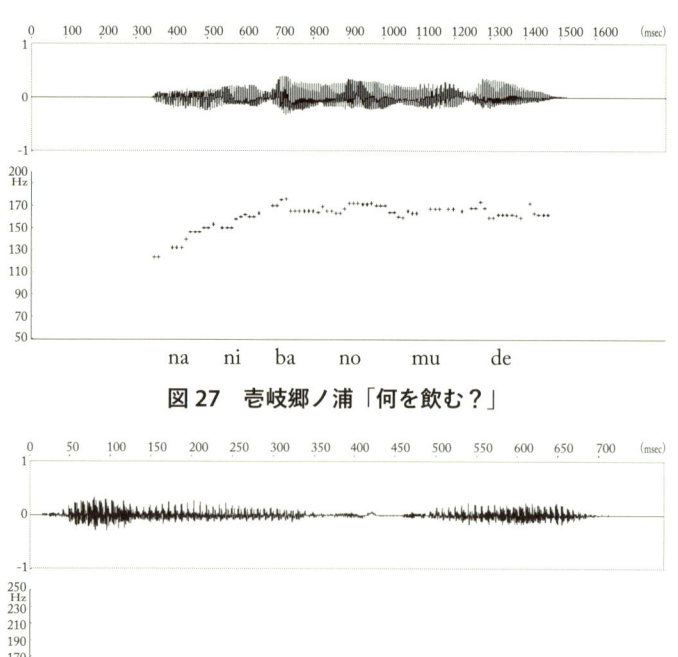

図27　壱岐郷ノ浦「何を飲む？」

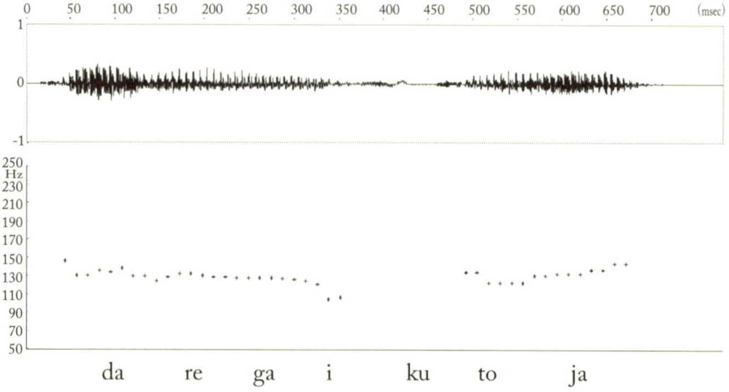

図28　対馬厳原「誰が行くのか？」

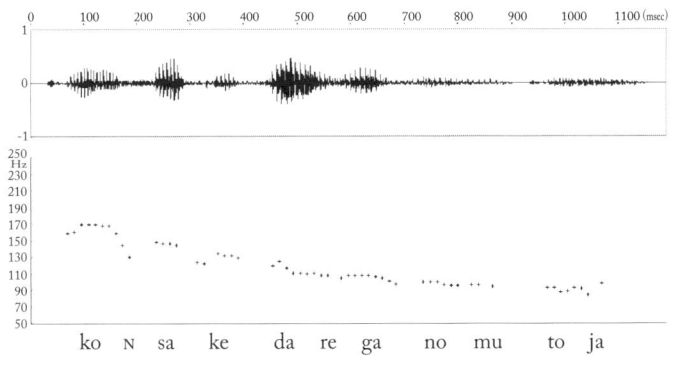

図29 対馬厳原「この酒、誰が飲むのか？」

4. 方言イントネーション調査の問題点

　以上、質問文のイントネーションの地域差をざっと見てきた。本稿では、「日本語音声」のCDと木部代表(2009)の調査データを使用してイントネーションを分析したが、いうまでもなく、イントネーションのデータとしては自然談話から拾うのが理想である。ただし、自然談話の場合、それぞれの発話がどの程度、モーダルな意味を含んでいるのかという判断が観察者には難しく、体系を描くための用例が十分に揃わないといった欠点があり、やはりどうしても質問調査に依らざるを得ない部分がある。

　また、その方言にどのような文末詞があるのか、それぞれはどのような意味をもつのか、疑問詞などとの共起関係はどうなのか、文末詞が文の完成にどの程度関与しているのか、などの情報も質問調査で調べるしかない。

　さらに、イントネーションには個人差があることが予想される。本稿では、広くイントネーションの地域差を見ることが目的だったので、個人差について詳しく見ることはしなかった。ただ、鹿児島方言の下降調や福岡方言のゆるやかな上昇調など、典型的な特徴に関しては、案外、個人差が少ないという感じをもった。

　イントネーションはモーダルな意味も含めて、文の意味を左右する働きをもっている。本稿で述べたように、地域差も結構ある。音声データの分析や

公開が以前よりも簡単になった現在では、方言イントネーション研究は今後、新たな発展を遂げるに違いない。

文献
井上史雄(1994)「『尻上がり』イントネーションの社会言語学」『国語研究 4　現代語・方言の研究』明治書院
木部暢子(2007)「福岡市アクセントの平板化」『国文学解釈と鑑賞』72-7、至文堂
木部暢子(2008)「方言イントネーションの記述について」『方言研究の前衛』桂書房
木部暢子代表(2009)『西日本声の言語地図　諸方言イントネーション・データ集』科研費報告書
木部暢子・久見木大介(1993)「鹿児島市方言の質問のイントネーションについて」鹿児島大学法文学部紀要『人文学科論集』第 38 号
郡　史郎(1997)「日本語のイントネーション―型と機能―」『日本語音声 2　アクセント・イントネーション・リズムとポーズ』三省堂
郡　史郎(2003)「イントネーション」『朝倉日本語講座 3　音声・音韻』
久保智之(1990)「福岡市方言の問い返し疑問文のアクセント現象」『日本語音声』研究報告 3
田中ゆかり(2010)「『とびはね音調』の成立とその背景」『首都圏における言語動態の研究』笠間書院
轟木靖子(1993)「東京語の文末詞の音調と形容詞・動詞のアクセントについて」大阪外国語大学大学院研究室『Studium』20
早田輝洋(1985)『博多方言のアクセント・形態論』九州大学出版会
森山卓郎(1989)「文の意味とイントネーション」『講座日本語と日本語教育 1　日本語学要説』明治書院
吉沢典男(1960)「イントネーション」『話しことばの文型(1)』国立国語研究所

【オノマトペ】

オノマトペの地域差と歴史
―「大声で泣く様子」について―

小林　隆

1. オノマトペ研究の課題

　オノマトペに地域差が存在することは知られているものの、本格的な研究はまだない。これは、オノマトペや感動詞など、言語にとって周辺的な要素と思われるものの研究が後回しにされてきた結果である。もっとも、これらの分野の遅れは言語研究全般に指摘できることであり、特に方言学に限ったものではない。

　しかし、言語学や日本語学は今やオノマトペや感動詞など、これまで隅に追いやられていた分野に分け入り始めた。方言学もこのあたりで本格的な取り組みを開始する必要があろう。地点ごとの記述はもちろんのこと、全国にわたる地理的分布を解明し、文献との対比を通じて歴史的な側面に及ぶ研究を展開してみたい。

　ところで、オノマトペの面白さはまずその構造にあるといってよい。さまざまな音が織り成す形態の妙、それによって表し分けられる豊かなニュアンスの世界は、これまでもオノマトペ研究の主たる興味の対象となってきた。こうした構造面の特徴は、各地で徹底的に記述され、比較されるべきである。と同時に、そこには地域的な違いも予想されることからすれば、オノマトペは地理的研究の格好の対象ともなりうる。どのような特徴をもったオノマトペがどんな地域で使用されているのか、その地理的広がりを明らかにすることは、方言学の大きな楽しみに違いない。

いっぽう、構造面に注目するだけでなく、表現論的な観点からオノマトペを捉えることも必要である。他の品詞に比べ、オノマトペは現実世界との密着度が高い。したがって、それが現実の有様や音をどの程度忠実に映し出しているのか、あるいは逆に、どのくらい抽象化、形式化が進んでいるのかといった、言語としての加工度を問題にすることができる。さらに、そもそも、ある事態を表すのにオノマトペを使用するか、それとも何か別の言語的手段を用いるか、といった表現選択の問題も重要である。おそらく、以上のような表現論的な特徴には、その地域の言語的な好みや発想の仕方のようなものが反映されているのではないかと思われる。そして、そのような特徴にも地域差が存在し、さらにそれが日本語の歴史における表現法や発想法の変遷と何らかのかたちで対応している可能性は十分にありうるだろう。

ここでは、以上のような課題をふまえながら、オノマトペの地理的研究にチャレンジしてみたい。

2. 本論のねらいと資料

ここでは「大声で泣く様子」を表すオノマトペを取り上げ、具体的に考えていく。あらためて本論が取り組む課題を整理すれば、次のようになる。

①全国的な方言分布：「大声で泣く様子」を表現するオノマトペの地理的分布を解明する。特に、形態上の特徴に注目し、全国的な地域差を明らかにする。
②方言形成の歴史：「大声で泣く様子」を表現するオノマトペの方言形成について考察する。文献上の変遷と対比しながら、全国分布を通時的に解釈する。
③存在の地域差の意味：大声で泣く様子を表現するオノマトペの、存在自体の地域差を明らかにする。オノマトペ以外による表現との比較から、地域差のもつ意味を考える。

本論において全国の分布を見るために使用する資料は、2000年度から2002年度にかけて実施した「消滅する方言語彙の緊急調査研究」によるものである。この調査では、300項目の調査項目を6つの調査票に分け、通信法により全国2000市町村に対して回答を求めた。調査の詳細については、小林・篠崎(2004)、小林(2006)で述べたので、そちらをご覧いただきたい。

さて、「大声で泣く様子」は第6調査票(2002年度)の41番項目として調査項目に立てられている。その調査文を示そう。

　41．大声で激しく泣くようすを、どのように泣くと言いますか。
　　参考　オイサラオイサラ、オンエオンエ、グラグラ、シックイハックイ、トット、ワリワリ

ここで「参考」とあるのは、これまで知られている各地の方言形式を参考として掲げたものである。回答者には、これらの形式を手がかりに、調査文の趣旨に沿う自らの方言を記入してもらった。なお、通信調査の方法論は小林(1988)で論じており、この方式はその結果をふまえ、もっとも妥当な方式として採用した。

さて、この調査では、全国942市町村から回答を得ることができた。ここでは、そのうち、当該市町村で言語形成期を過ごし、現在もその市町村に居住する話者からの回答が得られた806地点分のデータを資料として、分析を進めることにする。

3．オノマトペの種類と分類

どのようなオノマトペが使用されているか、概観するところから始めよう。「大声で泣く様子」を表すオノマトペは、「オイオイ」「ワンワン」「ギャーギャー」など、基本的にABABという反復構造をもつものが多い。ここでは、Aの部分を前部要素、Bの部分を後部要素と名づけ、それぞれについて見ていくことにする。

3.1. 前部要素の特徴

　調査で得られた「大声で泣く様子」のオノマトペは次のとおりである。前部要素が母音単独、ないし、半母音＋母音から成る（＝母音類）か、それとも子音＋母音から成る（＝子音類）かによって大きく分け、その中をさらに具体的な音で分類した。なお、「ワーワー」「ワアワア」「ワァーワァー」のように、表記法の違いはあるものの、同じ発音を表しているとみなされる回答はあらかじめ統合してある（この場合は「ワーワー」に統合）。また、（　）内の数字はその語形が回答された地点の数であり、10地点以上から回答のあった語形には下線を付した。

A. 母音類

ア-系：アンアン(2)、アーンアーン(2)、アーンイアイ(1)、アインアイン(1)、アップリシャップリ(1)

ウ-系：ウエンウエン(1)、ウエーンウエーン(1)、ウェンウェン(1)、ウェーンウェーン(1)、ウオーウオー(2)、ウオンウオン(1)、ウォンウォン(2)、ウワー(1)、ウワーンウワーン(1)、ウヮンーウヮン(1)

エ-系：<u>エンエン(16)</u>、エーンエーン(6)

オ-系：オーオー(2)、<u>オンオン(29)</u>、オーンオーン(6)、オオーンオオーン(1)、<u>オイオイ(57)</u>、オーイオーイ(4)、<u>オエオエ(17)</u>、オエーオエ(1)、オーエオーエ(1)、オーインオーイン(1)、オーインオイ(1)、<u>オエンオエン(10)</u>、オェンォェン(1)、オエーンオエーン(1)、オーエンオーエン(1)、オーエン(1)、オンイオンイ(1)、<u>オンエオンエ(30)</u>、オンエオンエー(1)、オンエンオンエ(1)、オンエオエ(1)、オンエーオンエー(1)、オーンエオーンエ(1)、オイサラオイサラ(1)、オイサラポイサラ(1)、オロイオロイ(1)、オロッゴ(1)

ワ-系：<u>ワーワー(59)</u>、ワワー(1)、ワーワ(1)、<u>ワンワン(119)</u>、ワーンワーン(4)、ワーンワン(2)、ワーンワ(1)、ワンワ(3)、ワンワ

ワンワ(1)、ワイワイ(9)、<u>ワリワリ(10)</u>、ワッリワリ(1)、ワッシワッシ(1)、ワンコラ(1)

B. 子音類

B-1. ガ行音類

ガ-系：ガーガー(2)、ガンガン(1)

ギャ-系：<u>ギャーギャー(33)</u>、ギャーギャ(2)、ギャギャー(1)、ゲァゲァー(2)、ギャンギャン(4)、ギァーコラ(1)

グ-系：グァングァン(1)、グェングェン(1)、グラグラ(1)、グシャグシャ(1)、グヮッカグヮッカ(1)

ゲ-系：ゲンゲ(1)

ゴ-系：ゴーゴー(1)、ゴンゴ(2)、ゴッコゴッコ(1)、ゴッコ(1)

B-2. バ(ハ)行音類

バ-系：バリバリ(1)

ビ(ヒ)-系：ビービー(3)、ビーコラ(1)、ビータラビータラ(1)、ヒョボリ(1)

ベ-系：ベンベン(1)

ボ(ホ)-系：ホイホイ(1)、ボエボエ(1)

B-3. その他

シックハック(1)、ジャンジャン(1)、タガタガー(1)

以上、一覧して分かるように、子音類より母音類が優勢である。「大声で泣く様子」を表すオノマトペは母音で始まる語形の種類が豊富で、また、使用地点も多いことが分かる。これは、この項目と同時に調査した「小声で泣く様子」(第6調査票42番項目)の場合、「シクシク」「メソメソ」など子音で始まる語形が主流を占めるのと大きく異なるところである。

母音類はア-系、ウ-系、エ-系、オ-系、ワ-系の5種類が見られるが、とりわけオ-系、次いでワ-系がバラエティーに富み、使用地点も多い。オ-系

の中では、「オンオン」「オイオイ」「オエオエ」「オエンオエン」「オンエオンエ」の5つの使用が活発であり、ワ-系では、「ワーワー」「ワンワン」「ワリワリ」がよく使用されている。

　子音類はガ行音類、バ（ハ）行音類、その他の3つに分けた。それぞれバラエティーはある程度見られるものの、いずれも使用地点が少なく狐例的なものがほとんどである。その中で、ギャ-系の「ギャーギャー」だけは一定の使用率を誇っている。なお、子音類の子音は有声音であることが多く、この点で上の母音類と通じるところがある。すなわち、「大声で泣く様子」を表すオノマトペのほとんどは有声音を前部要素にもつといってよい。

3.2. 後部要素の特徴

　次に、3.1.に掲げたリストを見渡して明らかなように、後部要素には長音や撥音、あるいはイ・エを含む語形が目立っている。主要なパターンについて整理すれば次のようになる。ここでは、長音をR、撥音をNで表示した。i/eは母音のiないしeという意味である。

- **-R型**：オーオー、ワーワー、ガーガー、ギャーギャー、ゴーゴー、ビービーなど
- **-N型**：アンアン、エンエン、オンオン、ワンワン、ギャンギャン、ベンベンなど
- **-RN型**：アーンアーン、エーンエーン、オーンオーン、ワーンワーンなど
- **-i/e型**：オイオイ、オエオエ、ワイワイ、ホイホイ、ボエボエなど
- **-Ri/e型**：オーイオーイ、オーエオーエ
- **-i/eN型**：アインアイン、オエンオエン
- **-Ni/e型**：オンイオンイ、オンエオンエ
- **-ri型**：ワリワリ、バリバリ

　これらの中では、語形のバラエティーと使用地点の多さから見て、「エンエン」「オンオン」「ワンワン」を含む-N型がもっとも優勢であり、次い

で、「ワーワー」「ギャーギャー」を含む -R 型や、「オイオイ」「オエオエ」を含む -i/e 型が目立っている。また、-i/e 型に N が加わったタイプにあたる -i/eN 型と -Ni/e 型も、それぞれ「オエンオエン」と「オンエオンエ」のように、主要語形は限定されるものの、かなりの数の地点で使用されている。-ri 型は -i/e 型の i の前に r が入ったタイプであり、「ワリワリ」が一定の地点数をもつ。

いっぽう、-N 型の長音タイプにあたる -RN 型は、「アーンアーン」「エーンエーン」「オーンオーン」「ワーンワーン」のようにいくつかの種類は認められるものの、「エンエン」「オンオン」「ワンワン」といった短音タイプより明らかに劣勢である。

以上に対して、反復形でありながらも、「オイサラオイサラ」「グラグラ」「グシャグシャ」「グヮッカグヮッカ」「ゴッコゴッコ」「ビータラビータラ」などはかなり特殊な形態であり、使用地点も限れる。反復形ではない語形はそもそも種類が少ないが、「ワンコラ」「ギャーコラ」「ビーコラ」に -コラ型とでも称すべき一定の特徴が認められる。

語形の長さについても見てみよう。上の一覧から明らかなように、「ワーワー」「ワンワン」「オイオイ」など 4 拍の語形は種類が豊富で使用地点も多く、「大声で泣く様子」を表すオノマトペの主流を成している。ただし、5 拍以上のものもかなり見られる。特に、6 拍と 8 拍の語形はある程度のバラエティーがあり、6 拍のものには、「オエンオエン」「オンエオンエ」など使用地点の多い語形も含まれる。

なお、同時に調査した「小声で泣く様子」のオノマトペはほとんどが 4 拍であり、「大声で泣く様子」のオノマトペに比べて種類が乏しいようである。また、「シクシク」「メソメソ」に対して、「シックシック」「メッソメッソ」のような促音挿入タイプや、「シクリシクリ」「メソリメソリ」のような ri 付加タイプが見られる点で、「大声で泣く様子」のオノマトペとは構造が異なっている。

4. オノマトペの地理的分布と通時的解釈

前節で見てきたオノマトペについて、ここでは地理的分布と通時的側面を検討してみよう。

4.1. 全体の概観

前節では語形の前部要素と後部要素とに分けて考察したが、その観点から地理的分布を眺めると、前部要素から見る分布に一定の地域差が認められた。今、主要なグループであるエ-系、オ-系、ワ-系、ギャ-系について地理的分布を示すと図1のようになる。語形の数が少ないグループはほとんどが有意味な分布を示さないので地図化しなかったが、唯一、ゴ-系のみは能登半島周辺にまとまって現れることを指摘しておく。

図1を見ると、まず、エ-系の分布は東北や九州にも見られるものの、関東・中部に固まっていることが分かる。ただし、その分布は非常に弱い。それに対して、オ-系とワ-系の分布は強力である。オ-系は日本全国に分布が広がっており、とりわけ東北地方に濃いのが分かる。いっぽう、ワ-系の分布も広範囲に及び、琉球地方にも存在が確認されるが、関東・中部と近畿、中国・九州に多く見られる。ギャ-系はエ-系よりは回答が多いものの、全国に散在しており、明確な分布を読み取ることが難しい。

さて、ここから分布の解釈に移るが、オノマトペの場合も、方言の形成は基本的に中央からの伝播によって行われるという前提で論を進める。これは、オノマトペが言語形式のひとつである以上、他の言語形式と同様に伝播論的な解釈が成り立つと考えられるからである。ただし、オノマトペの場合、意識的な創造、あるいは無意識的な変容が起こりやすいと思われ、その際、「言語の恣意性」が成り立ちにくい分、類似の形式が各地で発生する可能性は一般の単語よりも高いことが予想される。

以上のような点をふまえて、あらためて分布を見渡してみる。まず、オ-系とワ-系とでは大まかに言って、オ-系が日本の周辺部、ワ-系が中心部に位置するように見える。特に東日本は、関東から北上したワ-系が、オ-系を

オノマトペの地域差と歴史　29

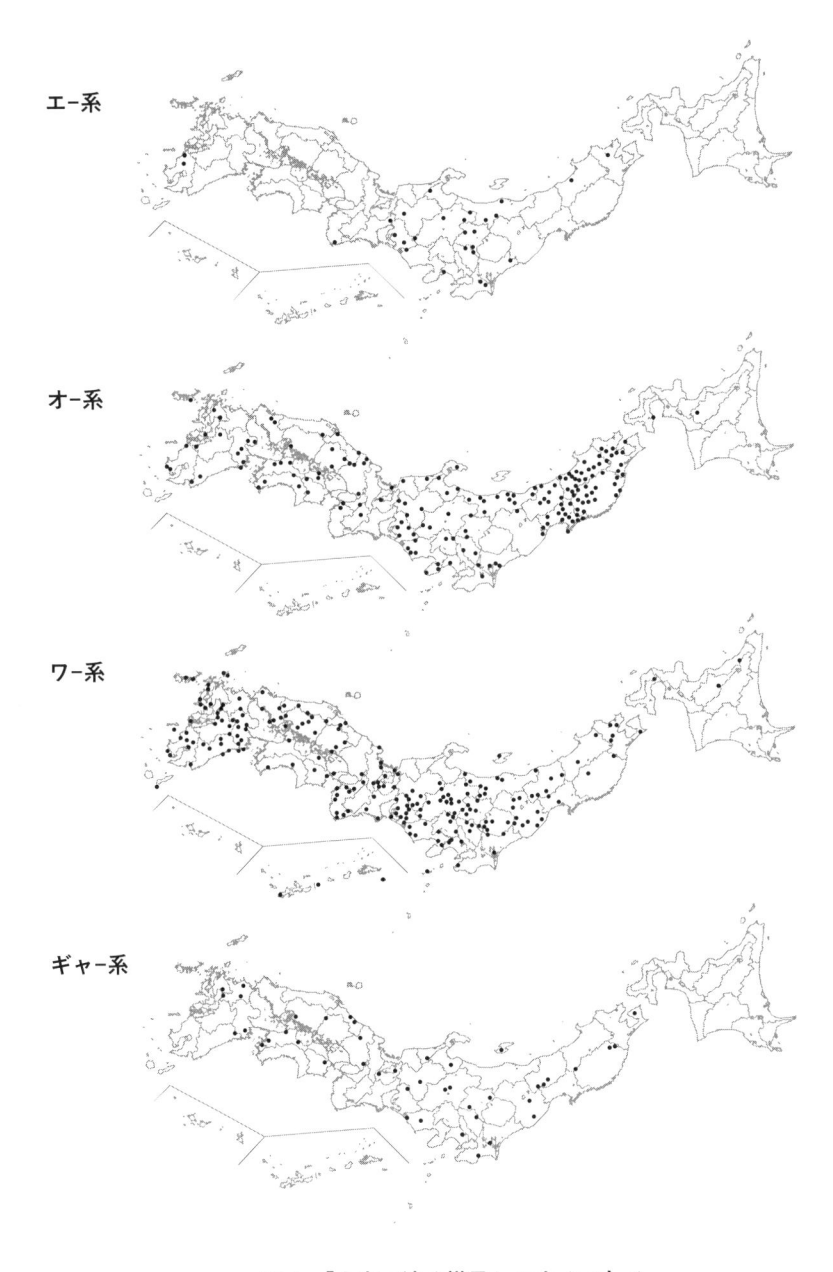

エ-系

オ-系

ワ-系

ギャ-系

図1　「大声で泣く様子」のオノマトペ

東北へと押し上げて行った様子が読み取れる。西日本は解釈の難しいところがあるが、近畿から西に進んだワ-系がオ-系を周辺に追いやりながら九州・琉球まで到達したと推定することができそうである。この考え方は、基本的にオ-系が古く、ワ-系が新しいということである。ただし、ワ-系がオ-系を押し退けたはずの関東・中部、および中国・四国ではオ-系の分布もある程度認められる。これは、ワ-系が生まれた後も、オ-系は完全に消えずに一定の勢力を保ち続けたことを意味している。また、オ-系・ワ-系ともこれだけ広い分布を形成したのは、その源流が古い時代の畿内にあったからだと考えたいが、西端の九州で特にワ-系が活発であるのは、畿内からの伝播のほかに、九州独自にこの形を発生させたためかもしれない。

次に、エ-系の分布は、関東・中部中心の広まりを見せるところから、比較的新しい時期に江戸から伝播したものと考えられる。もっとも、その分布は微弱であり、オ-系やワ-系に取って代わるだけの力はもたなかったことが分かる。一部、東北・九州などにも点在するが、これは地域独自の発生によるものであろう。ギャ-系の分布はまとまりがないので解釈しづらいが、概してワ-系の分布と似ているところがあり、オ-系よりは新しいといえる。それにしても、ギャ-系の分布にまとまりがないのは、このグループが、たとえば、マイナスのニュアンスを伴うとか、主に赤ん坊の泣き声に使用するなどというように、意味的にオ-系やワ-系とは等価なものではないことに原因がありそうである。

以上、九州のワ-系にはこの地域の独自発生の可能性が残るが、その点はひとまず置いておき、中央からの伝播による方言形成の大筋を推定するならば、次のようにまとめられる。ギャ-系については意味的な問題が残るので、括弧に入れて表示した。

（1）　オ-系 ＞ オ-系・ワ-系・（ギャ-系）＞ オ-系・ワ-系・エ-系・（ギャ-系）

4.2. オ-系とワ-系の詳細

オ-系、ワ-系はともに分布地域が広い。この2つのグループについて、細

オノマトペの地域差と歴史　31

○ オイオイ
◉ オエオエ
● オンオン
△ オインオイン
▲ オエンオエン
▽ オンイオンイ
▼ オンエオンエ
⊗ オーオー
・ その他

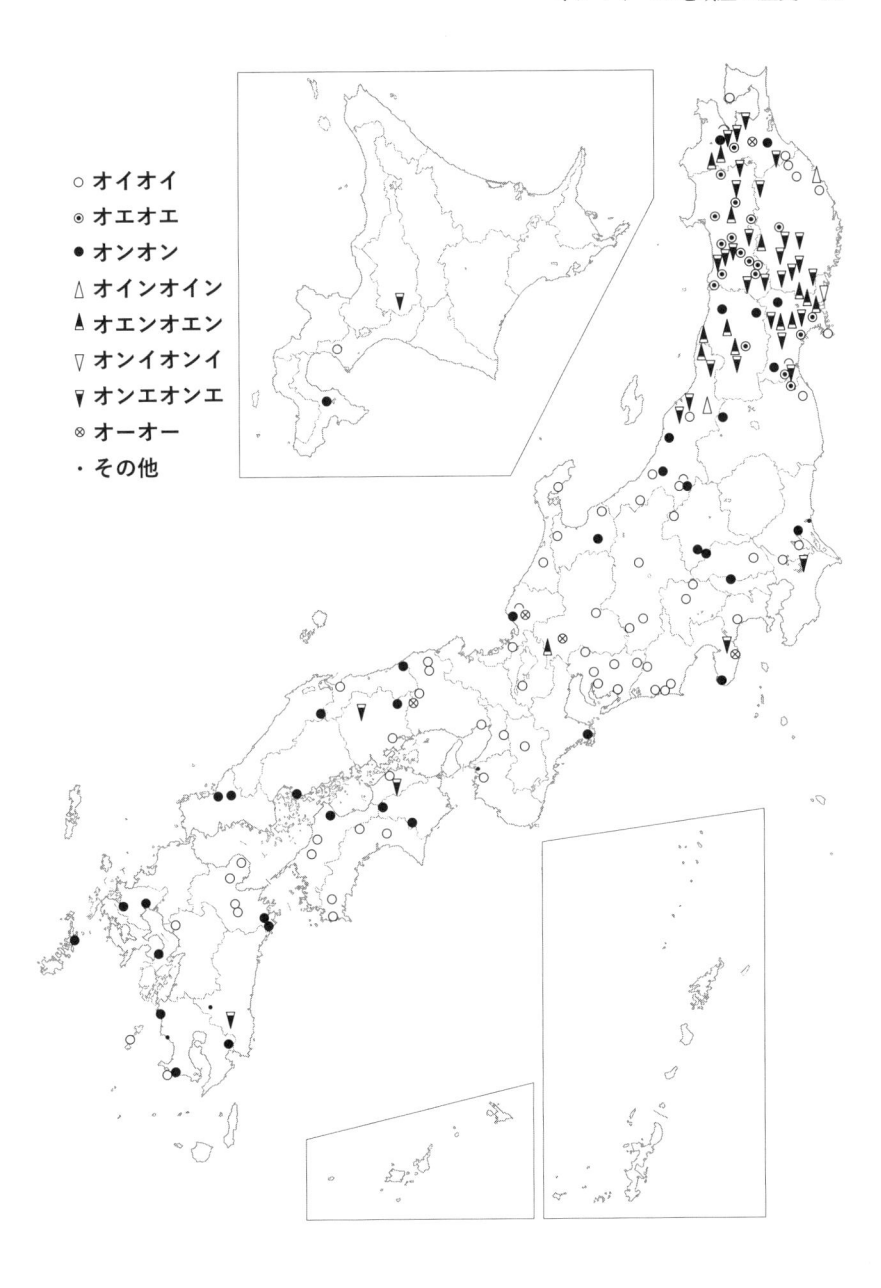

図2　「大声で泣く様子」のオノマトペ―オ-系の詳細

かく検討してみよう。

オ-系：まず、オ-系の分布の詳細を図2に示した。この図では、語形が煩雑になるのを避け、「オーイオーイ」は「オイオイ」に含めるなど、解釈に支障のない範囲で統合を行ってある。

この図を見ると、「オエンオエン」「オンエオンエ」が東北地方を中心に領域をもつほか各地に点在し、九州南部にも分布が見られることが分かる。「オインオイン」「オンイオンイ」はわずかだが、やはり東北に点在する。この「オエンオエン」「オンエオンエ」と「オインオイン」「オンイオンイ」とは、「エ」と「イ」が交替した関係にあるが、これは東北地方を中心に、2つの音の区別が曖昧になることが背景にあるものと思われる。次に、「オンオン」はそれほど地点数が多くないが、主として関東以北と中国・四国以南に分布する。さらに、「オイオイ」は日本の中央部に目立つものの、東北から九州まで広まっている。「オエオエ」は秋田など東北地方に分布が認められ、「オエンオエン」と「オインオイン」の関係と同様、「オイオイ」の東北的変種と考えられる。

さて、「オインオイン」と「オエンオエン」、「オンイオンイ」と「オンエオンエ」はそれぞれ前者の語形で代表させ、さらにその2つをまとめて「オイ/ンオイ/ン」と表すことにする。また、「オイオイ」と「オエオエ」も「オイオイ」で代表させる。その上で、「オイ/ンオイ/ン」、「オンオン」、「オイオイ」の3つのグループの分布関係を図2から読み取ると、次のように抽象化できる。

	西	東
オイ/ンオイ/ン	──	──
オンオン	──	──
オイオイ	──────────

すなわち、日本の周辺部では、「オイ/ンオイ/ン」「オンオン」「オイオイ」の3つが混在するが、それより内側では「オンオン」と「オイオイ」が主流になり、さらに中央部では「オイオイ」のみになっている、というよ

うに理解できる。これは、歴史的に、次のような変遷があったことを推定させる。

（2）　オイ／ンオイ／ン・オンオン・オイオイ ＞ オンオン・オイオイ ＞ オイオイ

　ただし、これらの語形の形態的な特徴に注目してみると、「オイ／ンオイ／ン」の「イ」ないし「ン」を脱落させた形が「オンオン」や「オイオイ」であるとみなすことができる。そうすると、これらは日本の周辺部で混在しているものの、その原形は「オイ／ンオイ／ン」であり、「オンオン」と「オイオイ」はそれから派生した形であると考えた方がよさそうである。そこで、上記(2)を書き換えて、次のように推定し直すことにする。

（3）　オイ／ンオイ／ン ＞ オンオン・オイオイ ＞ オイオイ

　これは、中央において、最初「オイ／ンオイ／ン」が使用されていたが、その後、「オンオン」と「オイオイ」が生まれ「オイ／ンオイ／ン」に取って代わった、しかし、「オンオン」は先に衰退し、最終的には「オイオイ」のみが使われ続けた、という歴史が存在し、それを方言分布が反映していると考えることになる。

ワ-系：次に、ワ-系の分布を解釈してみたい。ワ-系の分布の詳細を図3に示した。

　まず、「ワイワイ」「ワリワリ」は各地に見られることから、ある時期に中央から伝播した語形と推定される。東北と九州という日本の周辺部での存在を重視すれば、かなり古い語形と考えてよいだろう。ただし、関東・近畿にも存在するのは、中央からの伝播に新旧2波があり、そのうちの新しい伝播によるものか、あるいは多元発生的に生まれたものではないかと思われる。なお、「ワイワイ」と「ワリワリ」との関係は、一般に子音の挿入より脱落の方が起こりやすいといえるので、「ワリワリ」のr音の脱落で「ワイ

34　オノマトペ

○ ワイワイ
◇ ワリワリ
● ワンワン
⊗ ワーワー
・ その他

図3　「大声で泣く様子」のオノマトペ―ワ-系の詳細

ワイ」が生じたと考えておきたい。

　次に、「ワーワー」と「ワンワン」については、その分布が絡み合っており、新古関係を推定することが難しい。この2つの語形は、おそらく、中央でほぼ同時に成立し各地に伝播したが、地域ごとにどちらかの形態が選ばれて定着したのではなかろうか。

　「ワイワイ」「ワリワリ」と「ワーワー」「ワンワン」との関係は、前者の一部に多元発生の可能性もあるが、前者を押し退けて後者が広まっている様子が読み取れるので、大局的には、「ワイワイ」「ワリワリ」が古く、「ワーワー」「ワンワン」が新しいと解釈しておく。つまり、ワ系の変遷は、大筋で次のようになる。

（4）　ワリワリ ＞ ワイワイ ＞ ワーワー・ワンワン

4.3. 文献での出現状況

　ここで、方言分布に見られる語形が、中央語の歴史の上ではどのような現れ方をしているのか文献で確認し、通時的解釈の手がかりにしてみよう。ただし、本格的な調査はまだ行っていないので、ここでは、辞典類の情報を資料とする。具体的には、歴史的な辞典である『日本国語大辞典』『角川古語大辞典』『時代別国語大辞典 上代編』『時代別国語大辞典 室町時代編』『上方語辞典』『江戸語大辞典』の記載をもとに考えていく。

　さて、これらの辞典において、各語形の用例がいつごろの文献に確認されるか整理すると、次のようになる。語形ごとに、用例の出典とその成立年・時代を示してある。

　　　オイオイ　10C後『落窪物語』2、1108年頃『讃岐典侍日記』上、1913年『爛』24（徳田秋声）
　　　オーオー　室町後期『山谷抄』2、1568年以前『碧巖口義』8、室町末『御伽草子・伊香物語（有朋堂文庫所収）』、1717年『浄瑠璃・国性爺後日合戦』3

オンオン　1929年『トテ馬車』(千葉省三)
ワイワイ　1275年『名語記』4、1892年『政談月の鏡』7(三遊亭円朝)、1917年『異端者の悲しみ』5(谷崎潤一郎)
ワーワー　1781年『咄本・いかのぼり』小娘、1809〜1813年『滑稽本・浮世風呂』2下、1922年『碁石を呑んだ八っちゃん』(有島武郎)
ワンワン　1813〜1823年『滑稽本・浮世床』初上、1928年『防雪林』7(小林多喜二)
エンエン　1925年『海を見に行く』(石坂洋次郎)
ギャーギャー　1809〜1813年『滑稽本・浮世風呂』2上

　以上のうち、「ギャーギャー」は辞書に「赤子の泣き叫ぶ声」として登録されているものであり、「大声で泣く様子」一般を表すオノマトペではないが、その一種とみなして載せた。
　さて、以上の情報を年表のかたちに置き換えたものが次の表である。用例が得られた文献の成立時期に●記号を打ち、複数の文献が登録されている場合、その時期が近接している場合には実線で、離れている場合には破線でつないだ。このようにすると、大まかではあるが、各語形の使用時期を視覚的に把握することができる。

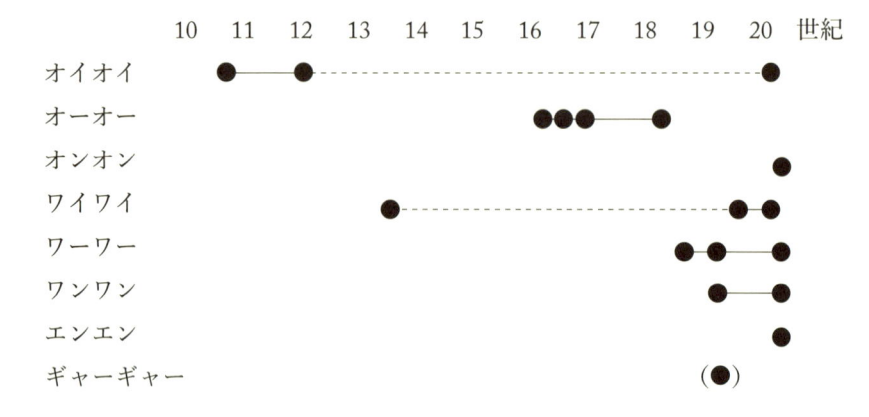

```
              10  11  12  13  14  15  16  17  18  19  20  世紀
オイオイ            ●———●-------------------------●
オーオー                            ●●●—●
オンオン                                              ●
ワイワイ                    ●-------------------●—●
ワーワー                                        ●—●—●
ワンワン                                          ●———●
エンエン                                              ●
ギャーギャー                                    (●)
```

この年表からは、まず、オ-系が中古に出現し、続いてワ-系が中世に、さらに、エ-系やギャ-系が近世になって登場しているのが分かる。ただし、これらは交替の関係ではなく、次第にバラエティーが増えていく関係にある。年表の破線部分は間が空きすぎていて問題が残るが、その間も「オイオイ」「ワイワイ」が存在し続けたと想定すると、いったん出現した語形はその後も使用され続け、結果として、時代が下れば下るほどバラエティーが豊富になるという変遷が読み取れる。この関係を簡略に示せば、次のようになる。

（5） オ-系 ＞ オ-系・ワ-系 ＞ オ-系・ワ-系・エ-系・（ギャ-系）

ところで、ここまでは語形の前部要素に注目してきたが、後部要素について上記の年表を見た場合、ある特徴に気づく。すなわち、3.2節の表示方法と同様、「オイオイ」「ワイワイ」のようなタイプを -i 型、「オーオー」「ワーワー」「ギャーギャー」のようなタイプを -R 型、「オンオン」「ワンワン」「エンエン」のようなタイプを -N 型とすると、年表における出現状況は次のような順番になっている。

（6） -i 型 ＞ -i 型・-R 型 ＞ -i 型・-R 型・-N 型

結局のところ、中央語における「大声で泣く様子」を表すオノマトペは、前部要素について見られる(5)の変化軸と、後部要素について見られる(6)の変化軸とを掛け合わせた格好で発達を遂げたと考えることができる。

4.4. 方言と文献の対照

ここまで見てきた方言分布による推定と、文献による推定を付き合わせてみよう。まず、全体的な変遷については、方言と文献で次のような推定を行った((1)(5)は再掲)。

方言：
（1）　オ-系 ＞ オ-系・ワ-系・(ギャ-系) ＞ オ-系・ワ-系・エ-系・(ギャ-系)
文献：
（5）　オ-系 ＞ オ-系・ワ-系　　　　　＞ オ-系・ワ-系・エ-系・(ギャ-系)

　両者を対比してみると、その変遷はほぼ対応していることが分かる。これは、方言の形成（1）が、中央語における変化（5）を反映する形でなされたことを意味する。つまり、現在見るような方言分布は、基本的に、中央から順次送り出されてきた語形の伝播によって作り上げられたものと理解してよいことになる。
　文献では、もうひとつ、語形の後部要素から見て次のような変遷も指摘された（再掲）。

（6）　-i 型 ＞ -i 型・-R 型 ＞ -i 型・-R 型・-N 型

　この傾向は、方言でもある程度認められる。しかし、次に述べるように、オ-系とワ-系で異なる部分があり、オ-系では -N 型をさらに古く位置づける必要が出てくるなど、かならずしも（6）のような単純な姿にはならないようである。
オ-系：次に、オ-系とワ-系について見てみる。まず、オ-系について取り上げると、方言と文献では次のようになっていた（(3) は再掲、(7) は上記の年表をもとに新たに作成）。

方言：
（3）　オイ／ンオイ／ン ＞ オンオン・オイオイ ＞ オイオイ
文献：
（7）　オイオイ ＞ オイオイ・オーオー ＞ オイオイ・オンオン

　一見、両者にはきれいな対応関係が認められない。しかし、ここには、文

献において、撥音をどう書き表すかという表記史上の問題が潜んでいるのではないかと思われる。すなわち、文献上、中古あたりまでは撥音の表記が確立しておらず、無表記か、「イ」や「ウ」で代用されたというのが一般的な理解である。とすると、『落窪物語』や『讃岐典侍日記』に見られた「おいおい」は、実は「オインオイン」「オンイオンイ」「オンオン」といった発音を表記したものだった可能性がある。もし、「オインオイン」ないし「オンイオンイ」であったとするならば、それはまさに、方言で推定された(3)の最初の段階(両語形をまとめて「オイ/ンオイ/ン」と表示してある)と対応することになる。

　ただし、ここでひとつの疑問が残る。現在の方言には、「オインオイン」と「オンイオンイ」の両方の語形が共存しているのはなぜかという問題である。ひとつの解決案は、どちらか片方が先にあって、もう片方はその音位転倒によって生じたというものである。その可能性は否定できないが、さらに別の解決案があるように思われる。それは、「オインオイン」と「オンイオンイ」の両方に共通する原形が先にあり、2つの語形はその原形から同時に派生したとする考え方である。ここで、その原形として想定されるのは、「イ」と「ン」の両者の特徴を同時に備えた発音、すなわち、鼻母音の「イ」(「ĩ」と表示する)をもつ語形であり、具体的には「オĩオĩ」である。この「オĩオĩ」を元に鼻音的要素を撥音として独立させようとする力が働き、それがイの後ろで顕在化したのが「オインオイン」であり、イの前で実現したのが「オンイオンイ」であったと推定される。

　そして、中古の文献に見られた「おいおい」も、この鼻母音的な「オĩオĩ」を表記したものだった可能性がある。文献に見られる他の語形がすべて4モーラであることを考慮すると、中古の「おいおい」も、「オインオイン」「オンイオンイ」のような6モーラの語ではなく、4モーラの「オĩオĩ」であったと考えるのが妥当ではなかろうか。そして、この「オĩオĩ」から鼻音を脱落させた「オイオイ」と、逆に鼻音を強調した「オンオン」とが生まれたと考えられる。文献上、「オンオン」の登場は近代に下るが、それは用例が得られないだけで、実際にはもっと古く、「オイオイ」と並行的に発

生していた可能性がある。

それでは、「オインオイン」「オンイオンイ」の位置づけはどうなるかといえば、この2つは中央で生まれたものではなく、「オイ̃オイ̃」が東西に伝播した後、それぞれの地域で成立したものではないかと思われる。「オイ̃オイ̃」の鼻母音を「オイオイ」「オンオン」のように「イ」か「ン」かの1音に解消してしまうのではなく、「イン」「ンイ」と2音に分節して発音しようとする意識が、日本の周辺部、特に東北地方に強かったことが考えられる。

以上の語形の関係を図示すれば、次のようになる。

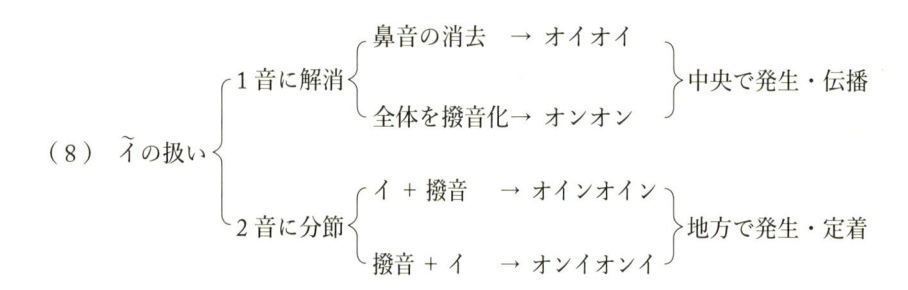

（8）イ̃の扱い
- 1音に解消
  - 鼻音の消去 → オイオイ
  - 全体を撥音化 → オンオン
  〉中央で発生・伝播
- 2音に分節
  - イ＋撥音 → オインオイン
  - 撥音＋イ → オンイオンイ
  〉地方で発生・定着

オ-系については、もうひとつ、文献上、「オーオー」という語形が中世後期を中心に現れている。ただし、地理的分布の上では近畿周辺にわずかに点在する程度でほとんど見当たらない。中央で使用されたのは間違いないとしても、強い伝播力をもたなかった語形といってよい。その理由ははっきりしないが、この語形が承諾や肯定の感動詞としても使用されるため、それとの混乱を避けたのかもしれない。

ワ-系：次に、ワ-系について取り上げると、方言と文献では次のようになっていた（（4）は再掲、（9）は上記の年表をもとに新たに作成した）。

方言：
（4） ワリワリ ＞ ワイワイ ＞ ワーワー・ワンワン

文献：
（9）　ワイワイ ＞ ワイワイ・ワーワー ＞ ワイワイ・ワーワー・ワンワン

　両者の大きな違いは、第1段階に「ワリワリ」を設定するか否かという点である。実は、文献にも「ワリワリ」は用いられていた。だだし、その意味は羽振りや威勢のよい様子を表すというものであり、しかも、用例の初出は近世である。しかし、この意味は、大きな声を上げて泣く様子と通じるところがある。したがって、文献には用例が得られないものの、中央にももともと、泣く場合も含めて動作を大げさに行う様子を表すオノマトペとして「ワリワリ」が存在し、それが方言上、福島や九州に残存していると考えてよいのではないかと思われる。
　ところで、「ワリワリ」からr音の脱落によって「ワイワイ」が生まれたとしたならば、この「ワイワイ」は上で見た「オイオイ」のような鼻母音的な発音ではなかったはずである。この点は、文献の初出である『名語記』の記述からもうかがえる。

　　アカコノナクコエノワイワイトキコユル如何。答、コレハオヤヨビノ反
　　カ、ワイト音ニアラハレテキコユル也　　　　　　　　　　　（巻4）

　「オヤヨビノ反」とは反切による語源解釈であり、woja（親）・jobi（呼び）の下線部の子音と母音を組み合わせてwaji、すなわち「ワイ」ができあがるという一種のこじつけである。このような説明が可能であったのも、「ワイワイ」の「イ」が鼻音性のものでなかったという証拠になるであろう。時代が下って、ワー系にも「ワンワン」の形が現れるが、これは、「オンオン」などに引かれて新しく成立したものと考えられる。

5.　オノマトペ使用の有無と地域差

　以上、「大声で泣く様子」を表すオノマトペについて見てきた。ここで、

視点を変えて、そもそもオノマトペを使用するか否か、という問題について考えてみよう。つまり、「大声で泣く様子」を表現するのに、オノマトペという要素を使うか、それとも別の手段を用いるかという点である。もし、そうした部分にも地域差が見られるならば、それは、ここまで扱ってきたような具体的な形態の問題よりも、言語にとってさらに根本的な問題になりうる可能性がある。

さて、この調査の対象は第一義的にはオノマトペであり、2節に示したように調査文・参考語形ともオノマトペが回答されるように設定したつもりである。ところが、それにもかかわらず、各地から得られた回答の中には、かならずしもオノマトペではない回答が含まれていた。中でも、副詞句（大声で・大きな声で）や形容詞によって「泣く」を修飾するものと、全体を動詞1語で表現するパターンが目立った。

まず、副詞句や形容詞による表現としては、地域性の認められる形式として次のようなものが挙げられる。

> オーゴエデ（北海道、岡山、鹿児島、沖縄）、デカイコエデ（栃木、群馬、東京、富山、石川）、ゴッツー・ゴッツイ（兵庫、鳥取、徳島）、ドエロー・ドエライ（愛知、滋賀、京都）、ヒドク・ヒドー（岐阜、愛知、広島、山口）

また、動詞一語による表現としては、「オーナキ（スル）」や「ワメク」「ナキワメク」のように各地から回答があったもののほか、次のような語が報告された。

> イガル（岡山、広島）、オガル（香川、愛媛）、オメク（三重、鹿児島）、オラブ（愛媛）、クロボエル（福岡、宮崎）、ゴナル（富山、石川）、ゴメク（石川）、トエル（福島、高知）、ヒシル（三重、奈良、和歌山）、ホイズク（長野、新潟）、ホエル（岩手、新潟、石川、岐阜、島根）

オノマトペの地域差と歴史　43

・ オノマトペ
　による表現

○ オノマトペ
　以外の表現

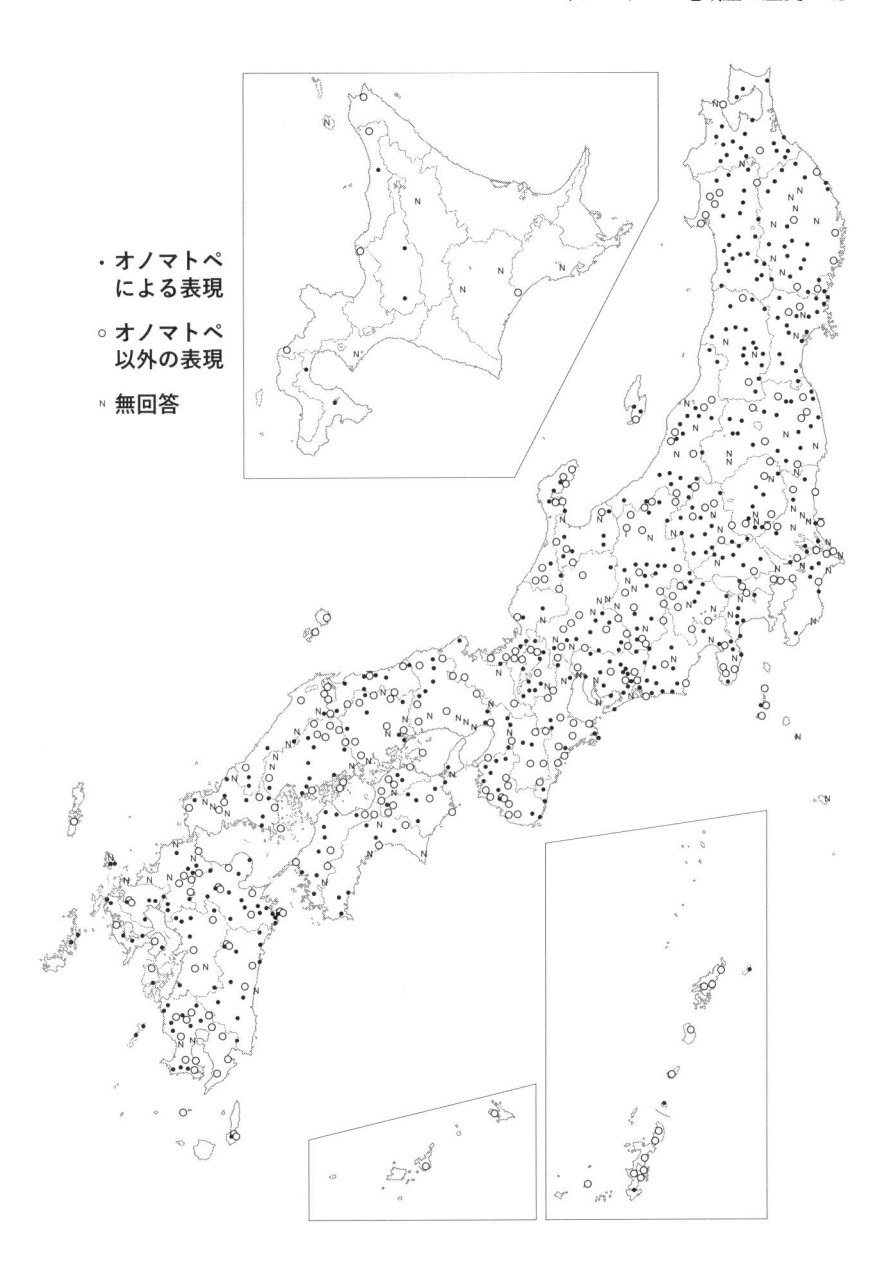

N 無回答

図4　「大声で泣く様子」のオノマトペ―オノマトペ自体の有無

このように、オノマトペが回答されたか、それともオノマトペ以外の表現が報告されたかを地図上に示したのが図4である。この分布を見渡すと、そこにはかなりはっきりとした地域的偏りの現れていることが分かる。すなわち、オノマトペは全国的に回答されているものの、東日本に比べて西日本の勢力は弱いといえる。逆に、オノマトペ以外の表現は西日本に色濃く分布し、東日本には薄いように見える。とりわけ、東北地方はオノマトペを使用する地点がほとんどであり、オノマトペ以外の表現は回答が極端に少ない。この関係を大まかに図示すれば、次のようになる。

(10) 　　　　西日本　　　　｜　　東日本(特に東北)
　　　　オノマトペ以外の表現　｜　　オノマトペによる表現

　このような東西差は、オノマトペを積極的に使用する方言と、そうでない方言との違いとして一般化できるかもしれない。もちろん、この項目のみで断言することはできないが、他にも参考になる報告がある。たとえば、全国の談話資料をもとにオノマトペの地域差について考察した三井・井上(2007)では、オノマトペの使用頻度が東北地方で高いことを指摘している。また、高知県奈半利町(四国)と宮城県小牛田町(東北)のオノマトペを比較した齋藤(2007)によれば、小牛田町の方に、感覚分野のオノマトペの発達が見られるという。
　オノマトペによる表現は、状況をリアルに映し出すものであり、現場性の強い表現であるといってよい。いっぽう、副詞句や形容詞、動詞による表現は、現象をいったん概念化した上で言葉に表すものであり、現場から一歩引いた位置に立つ表現であるといえる。その点で、前者は直接的な表現、後者は間接的な表現とみなすこともできる。
　このようなことを考えると、オノマトペの使用の有無は、表現に関する志向性、あるいは言語的な発想法の違いという、より大きな問題に発展する可能性がある。すなわち、東日本、特に東北地方は現場性の強い直接的な表現が好まれるのに対し、西日本は現場性の弱い間接的な表現が志向される、と

いった違いが一般化できるならばおもしろいだろう。

　また、同じくオノマトペを使用するにしても、現実の様態や音色に近いかたちで表現するか、それとも抽象化・形式化の進んだかたちで表すか、といった点も重要である。この点、他の形式に比べて現実の泣き声をより反映していると思われる「オエンオエン」「オンエオンエ」など、長く、かつ鼻音を伴う語形が東北地方に広く分布することは注目すべきであろう。

　この問題に関しては、さらに、本書の澤村論文で、失敗の際の感動詞として、東日本には指示語やオノマトペ、あるいは生理的な音声など非概念的な要素に由来すると思われるもの（「アリャー」「サーサ」「チェッ」など）が目立つのに対し、西日本では動詞・形容詞・名詞など概念的な言葉を利用するもの（「シマッタ」「アイター」「ヨワッタ」など）が多いという指摘があり、合わせて考えるべき現象と思われる。そうした、オノマトペ以外の分野にも視野を広げ、表現法の志向・発想に関わる地域差を総合的に考察することは、本論の重要な発展課題である。その一端については、小林（2009）、小林・澤村（2010a、2010b）で論じたのでご覧いただきたい。

　さて、上記（10）のような地域差はどのような歴史を反映しているのだろうか。それについては、ひとつの考え方として、日本語は、オノマトペへの依存を含め、現場的・直接的な表現を中心としていた段階から、概念的な要素で間接的に表現しようという段階へと移行したのであり、東日本は前者の段階をとどめるが、西日本は後者の段階へと進んでいる、という可能性があるのではないかと思われる。もっとも、東日本、特に、東北地方でオノマトペなど現場性の強い表現が新たに栄えた可能性も捨てきることはできない。この問題の結論を急ぐことは、今は控えておこう。

6.　まとめ

　最後に、ここまで述べてきたことがらを、2節で述べた本論の課題に沿って簡単にまとめてみたい。

①全国的な方言分布:「大声で泣く様子」を表現するオノマトペには、オ-系、ワ-系、エ-系、ギャ-系を中心に一定の地理的分布が認められる。また、オ-系とワ-系は種類が豊富であり、それらにも地域差が存在する。

②方言形成の歴史:「大声で泣く様子」を表現するオノマトペの分布は、主に中央語の伝播を受容するかたちで形成されたと考えられ、その順序は、オ-系＞オ-系・ワ-系＞オ-系・ワ-系・エ-系・ギャ-系、であったと推定される。いっぽう、文献に見られた -i 型＞ -i 型・-R 型＞ -i 型・-R 型・-N 型という発達は、ワ-系の方言分布には反映されているが、オ-系には当てはまらない。オ-系は -i 型としたものが、もともと鼻音を伴っていた可能性があり、それが後に複数の形式を派生させたと考えられる。

③存在の地域差の意味:「大声で泣く様子」をオノマトペで表現するのは東日本、特に東北地方であり、西日本では、副詞句や形容詞、動詞によって表現する傾向が見られる。この傾向は、現場性の強い直接的な表現が好まれる東日本と、現場性の弱い間接的な表現が好まれる西日本といった表現の志向性の違いが現れたものであり、日本語の発想法の歴史を反映している可能性がある。

こうした結論をさらに深めていくためにも、オノマトペの全国的な地域差に関する調査が求められる。これまでにも、『日本言語地図』に動物の鳴き声に関するものが数項目と、方言研究ゼミナール編(1992)に身体感覚についての全国44地点の調査報告が載っているが、項目数・地点数とも揃った分布調査はこれからである。本論の結論は、そうした本格的な調査の結果をふまえて、あらためて考えてみる必要がある。

文献

国立国語研究所（1972・1974）『日本言語地図 5・6』（210 図「牛の鳴き声」、298・299 図「梟の鳴き声」、300 図「雀の鳴き声」）大蔵省印刷局

小林　隆(1988)「通信調査法の再評価」国立国語研究所『方言研究法の探索』秀英出版

小林　隆(2006)「第二の『日本言語地図』をめざして」『国文学解釈と教材の研究』50–5

小林　隆(2009)「談話表現の歴史」糸井通浩・半沢幹一（編）『日本語表現学を学ぶ人のために』世界思想社

小林　隆・澤村美幸(2010a)「言語的発想法の地域差と社会的背景」『東北大学文学研究科研究年報』59

小林　隆・澤村美幸(2010b)「言語的発想法の地域差と歴史」『国語学研究』49

小林　隆・篠崎晃一(2004)『消滅の危機に瀕する全国方言語彙資料』文部科学省科学研究費成果報告書

齋藤ゆい(2007)「方言オノマトペの共通性と独自性―宮城県旧小牛田町と高知県安芸郡奈半利町との比較―」『高知大国文』38

方言研究ゼミナール編(1992)『方言資料叢刊2　身体感覚を表すオノマトペ』私家版

三井はるみ・井上文子(2007)「方言データベースの作成と利用」小林　隆（編）『シリーズ方言学 4　方言学の技法』岩波書店

【感動詞】

応答詞の地域差

友定賢治

1. はじめに

　長崎県壱岐島で、「あってもナイのが壱州のことば」というのを何度も聞いた。店に入って「○○は有りますか？」と尋ねると、その品物が有っても、店の人は「ナーイ。(はあい。)」と応えるというのである。応答詞がその方言を代表すると意識されている。ただ、このような特異な例を除くと、応答詞が話題として取り上げられることは少ない。そのため、方言応答詞の研究がすすんでいるとはいいにくい。珍しい語形の語は、各地の方言集に掲載されているが、記述的研究、地理的研究ともに不十分であり、広域の言語地図としては、藤原与一(1974)『瀬戸内海言語図巻』(東京大学出版会)に「いいえ」の地図、国立国語研究所(1999)『方言文法全国地図 4』(大蔵省出版局)に「うん、無いよ」(第 163 図)、「いや、有るよ」(第 165 図)の地図があるにすぎない。研究の進展が望まれる。
　たとえば、出雲方言の肯定の応答として、共通語では「そうだね」と「ソ系」の指示詞が用いられるところを、

　　アゲダ　ガー。

と「ア系」が用いられるという特徴的な用法が知られている。「ア系」が用いられるのは出雲方言だけなのであろうか。あるいは、なぜ出雲方言でそう

なのであろうか。これを考えるのも、各地での調査が前提となる。たとえば佐賀方言で、「なるほどねえ。」という応答詞として、

　　　　アー　ネ。

が聞かれるが、これは出雲のものと関係あるのだろうか。「あー」という感動詞なのであろうか。感動詞であれば、「ネ」が下接するのは特徴的である。明らかになれば、出雲方言だけのことではなく、広く分布していたのかもしれないという仮説が見えてくる。
　また、山浦（1988、2007）では、気仙沼方言（氏はケセン語とする）の否定疑問文に対する「いいえ（気仙沼方言でウンチェ）」と「はい（同ハァ）」の使い方が共通語と異なることをとりあげ、「ウンチェハァ」と称して、その実態を報告している。これは九州方言等でも同様であり、興味深い話題であるが、そもそもどちらか一方でなければ間違いなのかという基本的な問いも含めて、詳細な分布は分かっていない。
　現代語研究の分野では、冨樫（2006）などの文法的研究、串田（2005）らの会話分析的研究が活発化しているだけに、方言分野での研究の進展が期待される。
　さらに、応答詞を含む感動詞全体の地域差についても、まだまだ研究は不十分である。調査の難しさという問題があり、質問調査によって感動詞全体を把握することは困難が伴うが、地道な調査の蓄積がもとめられよう。
　本章では、「否定応答詞」については、5地点の記述を中心とし、そこに見られる地域差を、類型論的な見方から明らかにし、「肯定応答詞」については、調査が不十分なので、『方言文法全国地図4』、方言集から抽出した資料によって概括的な記述をする。なお本稿は、友定（2007）と重複する部分がある。

2. 否定応答詞の地域差

　筆者の母方言(岡山県新見市坂本方言)で、中年男性話者を例にすると、否定応答詞に下記のようなバリエーションが見られる。数字が大きくなるにしたがって、概ね否定の気持ちが強くなっている。

　　(1)イーヤ、(2)インヤ、(3)インニャ、(4)イヤ、(5)イーヤノー、
　　(6)インヤノー、(7)インニャノー、(8)インヤノーヤ、
　　(9)インニャノーヤ

　このように文末詞を累加することにより、多くの語形ができている。さらに、語形は同じであっても、音調によってニュアンスは違ってくる。これらを総合すると、かなりのバリエーションが認められる。
　また、くだけた場面では、「ウーウン、イーイン、オーオン」といった形も現れ、改まった場面では、「イーエ」という人もいるであろう。さらに、中年男性以外だと、

　　　少年・少女　　ウーウン、イーイン、オーオン
　　　中高年女性　　インヤナー、インニャナー
　　　高齢者　　　　ウンニャ

といったものが聞かれる。
　このような否定応答詞のバリエーションは、各方言同様なのであろうか、どのような地域差が見られるのであろうか、この課題に現時点で答えたい。
　なお、岡山県新見市方言において、

　　・インヤ、チガウ。
　　・インニャ、チガウ　テヤ。
　　・インニャノーヤ、ソージャーニャンジャ　ガ。

のように、「インヤ、インニャ」では「ちがう」が使われ、「インニャノーヤ」では「そうではない」が使われているように、否定応答詞と後続要素との呼応関係など、興味深いテーマがあるが、本稿ではそれに触れることはできない。

　まず、『方言文法全国地図4』に掲載されている地図（第165図）で、全国の分布状況を概観しておきたい。

3. 『方言文法全国地図4』の「いや、有るよ」（第165図）

　国立国語研究所(1999)『方言文法全国地図4』に掲載（第165図）されている「いや」の図を見ておきたい。「(友達から)今、お前のところに車はないだろう？」と尋ねられたのに対して、「いや、有るよ。」と答える場面を聞いたものである。

　東北地方南部から中国地方までは、「イヤ」類が中心であり、東北地方北部と九州には「ウンニャ」「ンニャ」がまとまって見られる。接境域である中国地方西部に「インニャ」も目立っている。語頭音でみると、沖縄から九州には「ウ・ン」があり、東北地方北部も同様である。

　方言集でも、秋田県学務部学務課(1929)には、

　　んにゃそでねぁ（いいえ、そうではない）
　　んにゃんにゃそれぁでぎねぁ（いやいやそれはならない）
　　んね（いや）
　　んた（いやだ）
　　んか（いや）

が見られる。秋田県教育委員会編(2000：685)にも、

　　んにゃ
　　にゃにゃ

があり、
　九州では、たとえば、堀江・原田（1933）には、

　　うんが　　　いいえ
　　うんぎゃー　いいえ
　　うんげー　　いいえ
　　うんにゃ　　いいえ
　　うんねー　　いいえ

があげられている。
　この分布から見ると、いわゆる周圏論的分布であり、「ウ・ン」で始まる語や「ニャ」を含む語形が古く、「イ」で始まる語形が新しいのではないかと思われるが、上記の秋田県教育委員会編（2000）には、

　　　江戸時代の否定の返事に「いんにゃ」というのがあったが、その変化
　　　したものが「んにゃ」であろう。

との説明がある。さらに藤原（2001：188）も、長崎県下の「ウンニャ」に関して、

　　　「ウンニャ」との言い方は、「インニャ」から来たものか。「インニャ」
　　　は「イーヤ」から来たものであろう。

と述べている。両意見とも根拠が記されていないのでその蓋然性について判断しにくいのであるが、後でふれたい。とりあえずこの分布図から、語頭が「イ」音と「ウ」音の語、「〜ンニャ」形の語の在りように注意しておきたい。

4. 否定応答詞の地域差

　否定応答詞のバリエーションには地域差が見られる。それを、友定（2007）では、次の4つに整理した。

　　(1) 語彙型—岡山県新見市方言
　　(2) 音調型—青森県南津軽郡方言
　　(3) 単一型—首里方言
　　(4) 文表現型—出雲方言

　この4類型は、友定（2007）を執筆する時点での調査・教示結果に基づくものであり、否定応答詞の在りようが一様ではないことを示す意図が大きかった。各地方言をさらに調査することで、追加とか訂正があることを前提としている。その後の調査によって、岡山県新見市、青森県南津軽郡・出雲については資料を補充することができ、新たに熊本市・奄美大島の2地点の記述を加えることができた。ただ、首里方言については、未調査のままである。今後に期したい。
　本稿は、以上の調査から見えてきた否定応答詞の地域差を、

　　A　語形によって否定のニュアンスを表現する地域
　　B　否定応答詞に続く述部でニュアンスを表現する地域
　　C　A、Bの中間的な性格の地域

と3つに類型化することで整理したい。おおむね、Aは語彙型、Bは単一型・文表現型としたものが該当する。Cはその中間的なものとされる。

A　語形によって否定のニュアンスを表現する地域
(1) 岡山県新見市方言

　　　　省略形①　　　　基本形　　　　添加形①　　　　添加形②

```
    イヤ    ←  イーヤ(―)→   イーヤノー    イーヤノーヤ
イヤ・イーン  ←  インヤ(―)→   インヤノー    インヤノーヤ
              インニャ(―)→  インニャノー   インニャノーヤ
              ウーウン
              オーオン
              イーイン
```

　基本形が複数あるが、「イーヤ」と「インヤ」「インニャ」は、否定の気持ちの強さによる区別だけとは考えにくい。「インヤ」「インニャ」は、よりくだけた場面での使用語であり、「ウーウン」「オーオン」「イーイン」は、さらにくだけた場面でのものである。場面差によるバリエーションということになる。

　基本形に、①文末詞を添加する、②長音化する、③音省略するという方法で、多数の語形をつくり、それらが否定の気持ちの在りようの微妙なニュアンスを表現するのである。それを「語彙型」と呼んでおこう。

　隣県の広島市方言で、下記の語が得られた（2007年調査）。

```
イーヤ    イヤー    インヤ    イーヤー    イヤ
インニャ
イーヤノー   インヤノー    インニャノー
イーエ    イーエイーエ
ウーウン
```

　藤原(1988)は、瀬戸内海地域を対象にしたものであるが、そこには、

```
イーイェ    イーイェノ
インイェ    インイェノ
イェイイェ
イーヤ
```

インヤ
インニャ
イヤヤ
インゲ　　　インゲノ
インネ
ウンニャ

が掲載されている。
　広島市方言・瀬戸内海域方言とも、文末詞「ノ」がついてバリエーション形成されている点や、「ウンニャ」が古態性をみせることなどに、新見市方言と同じ性格を認めることができそうである。

B　否定応答詞に続く述部でニュアンスを表現する地域
(2) 鹿児島県大島郡龍郷町瀬留方言
　教示者(高齢男性　昭和17年生)によると、当方言には、

アイ(ー)
アインガー

が認められ、アインガーは強調形である。「アイー、アイー」のように反復して用いることはあるが、他の語形は見られなかった。これは、**沖縄県首里方言**(仲原穣氏の教示による)が、

同輩・目下　イィーイィー　[ji: ji:]
目上(尊敬)　ウゥーウゥー　[wu: wu:]

のように、待遇によるバリエーションは見られるが、否定の気持ちを応答詞では区別せず、その後に続けることばで表現するのと、共通した性格を有するといえよう。

(3) 島根県出雲方言

　出雲方言では、「インヤ」が基本的によく用いられている。「エ(ë)ンヤ」と聞こえることもある。

　　・インヤ、マンダ　キチョラン。(いいや、まだ来ていない。)

　当方言の特徴は、何といっても、応答詞が体言化され、断定辞、さらに文末詞が下接することである。

　　・インヤダガネ(ー)。
　　・インヤダワネ(ー)。
　　・インヤダワ(ー)。
　　・インヤダガ(ー)。

　文末詞の「ワネ(ー)・ワー・ガネ(ー)・ガ(ー)」によって、否定のニュアンスが決まる。丁寧には「デス」で否定する。

　　・インヤデスケン。
　　・インヤデスワネ。
　　・インヤデスワ(ー)。
　　・インヤデスガネ。
　　・インヤデスガ(ー)。

　この出雲方言の特徴は、首里方言や龍郷町方言に見られた、否定の気持ちのニュアンスを、応答詞で表現するのではなく、後ろに続く述部によって表現するのと共通していると考えられよう。

C　A・Bの中間的性格の地域

　これは、語形の種類が奄美・沖縄のように一種ではなく、逆に岡山県新見

市方言のように多くは見られない地域である。

(4) 青森県南津軽郡方言

青森県南津軽郡方言では、下記のようである

んん	なも	な(ー)んも
んや	なもや	なんもや
	なもさ	なんもさ

使用頻度では、「なも」「なんも」が多く、沖縄・奄美に近似した様相を呈するが、文末詞「さ」「や」がついた形もあり、語頭が「ん」の語形も見られるので、同一とはしにくい。

(5) 熊本県熊本市方言

熊本市方言の調査結果を図示してみる。普段の言い方は語頭が「ウ」音の語で、丁寧で改まった場合が語頭「イ」音の語となる。そして、強く否定するときは「ナーン」類になるとのことである。「ナーン」類については、「ナーン・ナーンノ」は年配の人、「ナン」は若い人も使うとのことである。また、ナン → ナーン → ナーンノ → ナーンガの順で強い言い方で、その例文として、

・ナン　ソギャン　コツ　ナカ。
・ナーンノ　ソギャン　コツ　アルモンカ。
・ナーンガ　ソギャン　コツ　アロータイ

との説明もあった。

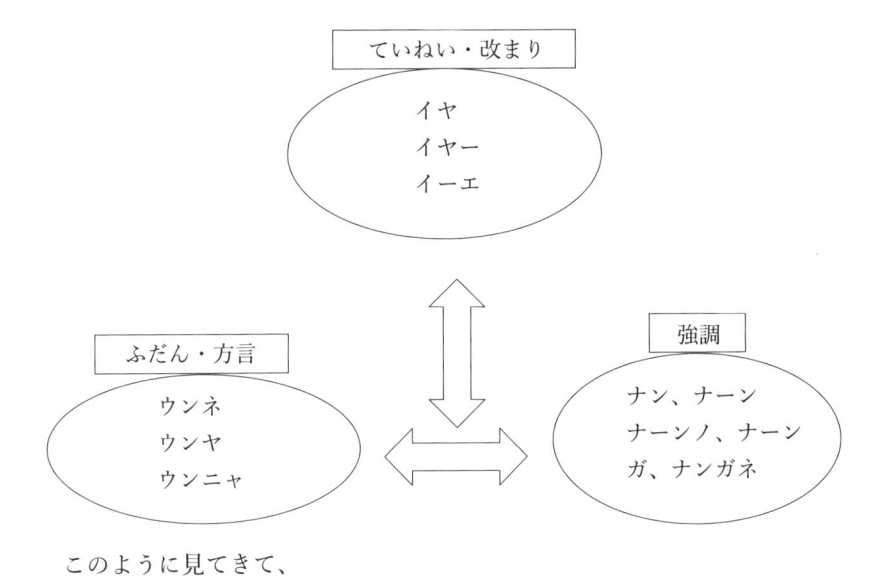

```
        ┌──────────────┐
        │ ていねい・改まり │
        └──────────────┘
            ╭──────╮
            │  イヤ  │
            │  イヤー │
            │  イーエ │
            ╰──────╯
                ↕
┌──────────┐         ┌──────┐
│ ふだん・方言 │         │ 強調 │
└──────────┘         └──────┘
  ╭──────╮    ↔    ╭──────────────╮
  │ ウンネ │         │ ナン、ナーン    │
  │ ウンヤ │         │ ナーンノ、ナーン │
  │ ウンニャ│         │ ガ、ナンガネ   │
  ╰──────╯         ╰──────────────╯
```

このように見てきて、

① 奄美・沖縄・出雲と、いわゆる周辺部とされる地域に1種類の方言が見られる。
② 中間的な性格とした地域も、津軽・熊本と周辺部であり、「な(ん)も」という特徴的な語形が共通する。
③ 語形の種類が多いのが瀬戸内海域という中心部に近い地域である。

といったことが注目されるが、地域差とするには、各地での調査を重ねなければならない。現在は、問題の指摘にとどまる。

5. 否定応答詞の音声と意味

上記の各方言に見られる「いいえ」のバリエーションを見てみると、それに使用されている音声には特徴が指摘できそうである。3点挙げておきたい。

5.1. 語頭音の「イ」と「ウ」の対立

　岡山県新見市の場合、上記の中年男性の使用語は、「イ」音で始まる語が中心であり、それ以外の「ウ」で始まる語が、くだけたものいいには見られる。さらに、高齢者からは「ウンニャ(稀)」といった語も聞くことができる。「イ」音で始まる語が基本形であるのに対して、「ウ」で始まる語は、「くだけ・古い」といった意味をもつことになる。

　青森県方言では、「イ」で始まる語が無く、首里方言では、「イ」が同輩・目下で、「ウ」が目上に対する語であることが注目されよう。

　この2つの音の対立が、地理的分布の上でも見られることは、『方言文法全国地図4』のところで見たとおりである。「ウ」音が周辺地域、「イ」音が中心部地域となっており、分布上からは、「ウ」音の語が古いのではないかと予想された。古いものが高齢者使用語であり、くだけといったニュアンスを有することが多いが、新見市の場合はそれに符合している。

　なお、奄美龍郷町方言の、「ア」音で始まる語形「アイー、アインガー」は、特徴的である。後述する肯定の応答詞、あるいは驚いた時の感動詞には語頭の「ア」音は一般的であるが、否定応答詞では異例である。

5.2. 語中の「ン」と「ー」

　南津軽郡方言と新見市方言を見てみると、語中の撥音「ン」と長音「ー」とが対立していると思われる。「ー」音を語中にもつ語は、若い世代の使用語であったり、丁寧とか目上に向かっての使用語に特徴的に見出せる。「ン」が語中にある語が、それ以外のところに多い。

5.3. 「〜ンニャ」の音形

　「ウ」で始まる語形と同様に、「〜ンニャ」という音形をもつ語も古い・くだけといった意味合いをもっている。分布上でも、この形は、九州地方など周辺部に分布するものであり、やはり「ウ」音と共通した性格を有している。

6. 否定応答詞の音調

6.1. 強調の音調の地域差

　否定の気持ちを強調したいときに音調に変化が生じるが、それにも地域差が認められそうである。ただ、まとまった記述ができるほどに調査が進んでいないので、断片的なものにとどまる。

6.1.1. 長音化とストレス―岡山県新見市方言―

　新見市方言の場合の強調の音調である。おそらくこの方法が強調のデフォルトであると考えたい。

6.1.2. 打ち込み引き上げ―出雲方言―

　「インヤダケン。」の発音の場合、強調して発音する際に、「イ」から「ン」にかけて、大きく音が下がる。そして、「ヤ」で一気に高くなる。これを藤原（1981、1997）は「打ちこみ引き上げ」と命名している。この音調は特に強調という場合でないときも、当方言では聞かれるが、強調のときはいっそう顕著になる。少し長くなるが、藤原（1997：499）の説明を引用する。例文は異なるが、音調の様相は共通するものである。

　出雲弁では、たとえば島根半島で、

　　　コレカラ　オショーグヮツオ　シマス。
　　　これからお正月をします。（初老女）

のような言い方をする。この時、「コレカラ」の「コ」は、低音ではじめられながらも、「↘」とばかり、さらに低く、打ちこむように発音され、その音がまた引きあげられて「レ」が言われる。――「コ」はゆっくり、「レ」はうんと上げてというありさまである。抑揚のはじめが深まり音になる。深まるから引きあげられる。「打ちこみ引きあげ」である。

6.1.3. りきみ―熊本市方言―

　熊本市方言では、たとえば「ナン」を強調して発音する場合、「ナーン」と、「ナー」を長音化するときに、のどをつめるような、りきんだ発音になるのが特徴的である。

7. 肯定の応答詞の地域性―方言集より―

　次に、もう1つ、応答の「はい」に相当する語の分布をみてみる。
　　　近世の方言辞書『物類称呼』(1774)にも、

　　　他の呼に答る語。関東にて「あい」と云。畿内にて「はい」と云。近江にて「ねい」と云。長門邊にて「あつつ」と云。薩摩にて「をゝ」と云。肥前にて「ない」と云。土佐にて「ゑい」といふ。(中略)越後にて「やい」と云。越前にて「やつ」と云。陸奥にて「ない」と云。
　　　案に、國々のこたふる詞大いに同しくして少く異也といへとも、各転語なるべし。

とあり、関心が強かったことが分かる。藤原(2001)も、各地の様子を整理している。そのほかの方言集などからもできるだけ収集して、まとめてみた。表記は原典のまま(ただ、カタカナ表記に統一した)にしてある。

1. ナイ類
    ナイ、ナーイ、ナァイ、ナアイ、ナイナイ、ナー、ナ、ウンナイ、ウンナイシ、ウナイ、ムナイ、ンネ、ンナィ、ナェイ、ネイ、ネー
2. ハイ類
    ハイ、ハー
3. アイ類
    アエ、アイ、アーイ、アーイー、アイアイ、アイナ、アー、アイヤイ、アヤ、アイヨ、アイヨウ、アン

4. イー類
    イー、イン、イヤ
5. ヘー類
    ヘー、ヘエ、ヘッ、ヘーヘー、ヘーナイ
6. エー類
    エー、イェー、エイ、エーエー、エヤー、エヤ、エエン、
7. ウー類
    ウ、ウナー、ウー、ウウナ、ウナーア、ウネ
8. オー類
    オヨ、オン、オーン、オイ、オイヤ、オイヨ、オイネー、オー、
    オイシ、オーオー、オーエ、オーナー、オウ、オーウ
9. ホイ類
    ホイ
10. ヤー類
    ヤ、ヤー、ヤーヤー
11. シイ類
    シイ、シャア

　まだ分布について論ずるのは控えるべきなのであるが、ここまでの資料で、下記のような点に注目しているとだけ申し上げておきたい。

(1)ナイ類は、『物類称呼』の記述にあるように、東北と九州に分布の中心が認められる。
(2)ウー類も同様に周辺部にある。
(3)ヘー類は関東から九州北部まで西日本分布を中心とする。
(4)エー類はヘー類の外側に分布する。
(5)イー類も西日本に分布する。

　関東以西に変種が多く、以北は単純であるように思えるが、どうなのであ

ろうか。周辺部に分布すると見られるナイ類やウー類を、単純にいわゆる方言周圏論的分布とみてよいのか慎重に考えねばならない。藤原(2001)は、

> 私は今、「ナイ」を「はい」から成立したものと見る。
> 「はい」の〔hai〕は、音声形態上、初頭子音〔h〕をよわめやすいものであろう。あるいは〔h〕発音がよわまって〔ɲai〕のようなものができたか。それは〔nai〕になりやすかったであろう。(じっさい、〔h〕の落ちるのと同時ごろに〔na〕が成立し得たか。)「ナ」の音は、相手に訴えるのにふさわしいものである。柳田国男先生には早く、「N音効果」のお説がある。訴えかける気もちが〔ha〕＞〔na〕をひきおこしやすかったかもしれない。

と述べている。

文献日本語史では、どちらが先に見られるのであろうか。ちなみに『日本国語大辞典』(小学館)では、どちらの用例も近世期のものがあげてあり、新旧については分からない。

さらに、(4)で、エー類はヘー類の外側に分布すると述べたが、それをエー類が古いと見ると、エー類＞ヘー類と考えねばならないが、むしろ逆にヘー＞エーと見たほうが、音変化からみれば自然とも思える。

8. おわりに

本稿では、否定応答詞について、類型論的な考察を試み、肯定の応答詞については、方言集から抽出した語形を整理した。見出すことが出来たいくつかの類型は、まだ知られていない地域差であると思う。ただ、全国的な広がりで論ずるには調査が絶対的に不足しているし、なぜ、それぞれの類型がその地域で形成されているのかを解明していく道のりははるかに遠い。

〔付記〕 本稿は、日本学術振興会科学研究費補助金基盤研究(B)「現代日本語感動詞の理論的・実証的基盤構築のための調査研究」(課題番号 19320067 研究代表者　友定賢治)による研究の一部である。

文献

秋田県学務部学務課(編)(1929)『秋田方言』秋田県学務部学務課
秋田県教育委員会(編)(2000)『秋田のことば』無明舎出版
串田秀也(2005)「「いや」のコミュニケーション学─会話分析の立場から」『言語』Vol. 34、No. 11、大修館書店
国立国語研究所(編)(1999)『方言文法全国地図 4』大蔵省印刷局
定延利之(2002)『「うん」と「そう」の言語学』ひつじ書房
冨樫純一(2006)「否定応答表現「いえ」「いいえ」「いや」」矢澤真人・橋本 修(編)『現代日本語文法　現象と理論のインタラクション』ひつじ書房
友定賢治(2005)「感動詞の方言学的アプローチ─「立ち上げ詞」の提唱─」『言語』Vol. 34、No. 11、大修館書店
友定賢治(2007)「否定応答詞の方言間対照」定延利之・中川正之(編)『シリーズ言語対照　音声文法の対照』くろしお出版
藤原与一(1981)『昭和日本語の方言　第 5 巻　中国山陰道二要地方言』三弥井書店
藤原与一(1997)『日本語方言音の実相』武蔵野書院
藤原与一(2001)『日本語方言での特異表現法』武蔵野書院
堀江与一・原田兵太郎(1933)『大分県方言考』大分県師範学校部会国漢学部会
山浦玄嗣(1988)「ケセン語：ウンツェハァの研究─否定疑問文に対する逆転した応答形式─」『第 47 回　日本方言研究会発表原稿集』
山浦玄嗣(2007)『ケセン語の世界』明治書院
山根智恵(2002)「談話における「いや」の用法」『岡大国文論稿』30 号
山根智恵(2003)「談話における「いいえ」「いえ」「いや」の使い分け」『2003 年度日本語教育学会春季大会予稿集』日本語教育学会

【感動詞】

感動詞の地域差と歴史
―「失敗の感動詞」を例として―

澤村美幸

1. はじめに

　方言学において感動詞は、柳田（1942）以降、神鳥（1973）など、地域ごとにいくつかの考察はあったものの、本格的な取り組みがなされてこなかった。しかし、近年、現代語、特に談話研究の立場から感動詞が注目されはじめたのに呼応して、方言学の分野においても、友定（2005）のような今後の研究の課題を示すものや、舩木（2009）のような記述調査のための枠組みを提示するものが現れてきた。

　もっとも、地域差に関する研究となると、『瀬戸内海言語図巻　下』や『方言文法全国地図5・6』などの方言地図に、応答詞を中心に感動詞関係の項目が設定されてはいるが、その数はたいへん少ない。また、方言研究ゼミナール（2006）は「立ち上げ詞」と称して85項目という比較的豊富な調査項目を設定するものの、調査地点は全国で29地点と多くない。まして、地理的分布の考察から歴史に踏み込むような研究は遅れているのが実情である。共通語研究の側からも、たとえば森山（1996）のように、地域差の解明を期待する声が聞かれる。

　このような背景をふまえて、澤村・小林（2005a、2005b）では、全国調査の結果から、感動詞にも明瞭な地域差があり、その方言分布が感動詞の歴史を反映している可能性について指摘した。本論では、澤村・小林（2005a、2005b）をもとに、新たに文献との対比という視点を加えながら、感動詞の

方言形成について論じ、さらに、そこから読み取れる感動詞の歴史につながる問題を提起していきたい。

2. 失敗の感動詞の方言分布

2.1. 調査・地図化の方法と本論の対象

「消滅する方言語彙の緊急調査研究」（小林隆・篠崎晃一）では、第6調査票に感動詞（驚いたときの言葉、失敗したときの言葉、痛いときの言葉）を調査項目として設定している。今回はその中の、「失敗したときの言葉」（項目番号39）を取り上げ、上で述べたような問題を具体的に考えていきたい。この調査は2003年に通信法により全国2000の市町村に対して行われ、教育委員会に調査票を配布し、条件に合う話者に回答してもらうという方法が採られている。使用した調査票を含め、詳細は小林・篠崎（2003）を参照していただきたい。

集まった調査票のうち、回答者の生育地については「生え抜き」の条件を満たすもの796件を対象として作成した方言分布図が図1である。地図化にあたっては、回答語形を凡例のようないくつかのグループに統合し、さらに統合しきれなかったものは「その他」とした。

なお、回答された形式がすべて感動詞として認定できるものであるかは、地点ごとの詳細な記述調査を行わなければ分からない。すなわち、感動詞としての用法が確立されているか、それとも他の品詞が感嘆文的に使用されたものなのか、という問題がある。このような課題は残るが、ここでは回答された語形を等しく「感動詞」として扱っておくことにする。

また、もうひとつの問題として、失敗の感動詞といっても、その内実はかならずしも均質なものではないかもしれないということがある。この調査では、「失敗したときに、思わず口にする言葉は何ですか。」という抽象度の高い質問文が採用されている。このような聞き方では、失敗の軽重による差、あるいは咄嗟に発するか間を置いて口にするかという違い、さらには口惜しさや困惑などの感情を含むか否かといった点で、少しずつ焦点のずれた形式

感動詞の地域差と歴史　69

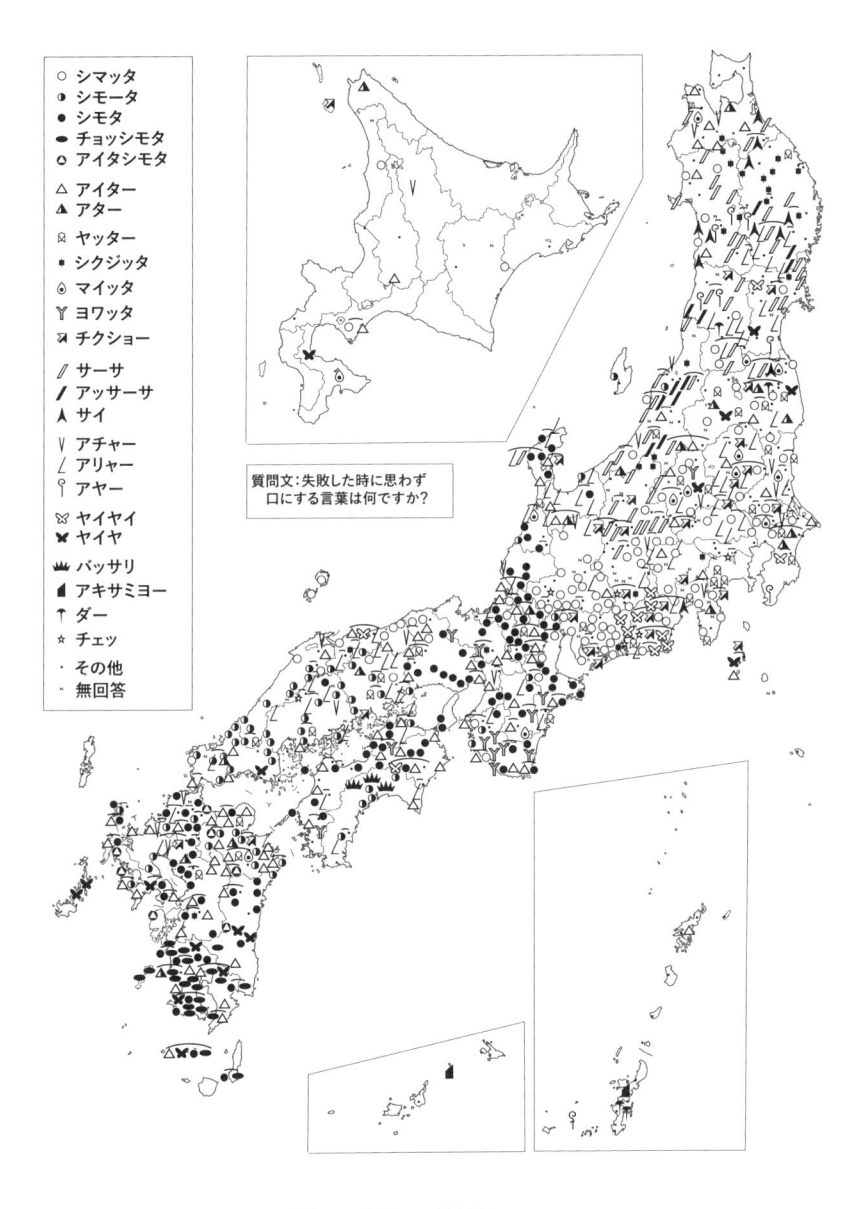

図1　失敗の感動詞

が回答される可能性がある。以下では、この問題にも注意を払いながら考察を進めることにしたい。

以上より、ここで取り上げる形式は「失敗した際に発する感動詞」とでも表現するのが適当であるが、やや長いので、以下簡略に「失敗の感動詞」と表示することにする。

2.2. 方言分布の概観

図1に見られるように、失敗の感動詞には、多くの種類が認められる。しかし、それぞれの形式は比較的まとまった分布を示しており、分布領域の広さなどに違いはあるものの、それぞれ地域的な広がりをもって使用されていることが分かる。ここでは、凡例に挙げた順を追って、それぞれ①〜⑭のグループに分け、それらの分布領域を確認していく。

①**シマッタ類（シマッタ／シモータ／シモタ／チョッシモタ／アイタシモタ）**：共通語的な言い方である「シマッタ」と、その変種である「シモータ」「シモタ」は、いわゆる東西境界線を境目とし、その東側と西側とに分かれて分布している。ただし、「シマッタ」は関東よりもむしろ岐阜・愛知などの中部地方を中心とした分布を見せている。それに対して「シモータ」「シモタ」は西日本の広範囲を覆っており、強い勢力をもった形式であることが分かる。また、「チョッシモタ」が鹿児島に、「アイタシモタ」が九州各地に散在している。

②**アイター類（アイター／アター）**：「アイター」は、東北や関東にも見られるものの、その分布は近畿以西に多く、九州での回答も目立っている。また、「アター」は、東北・関東に点在するほか、西日本でも数地点の分布が見られる。

③**ヤッター**：全国に点在するが、特に、南東北から関東にかけて分布が目立っている。

④**シクジッタ**：やはり各地に散在するが、特に岩手県北部に集中した領域をもち、その分布は青森・秋田・宮城の県境にまで及んでいる。

⑤**マイッタ**：回答は少ないものの、南東北から関東にかけて分布が集中している。

⑥**ヨワッタ**：近畿地方に分布しており、特に和歌山県における分布が顕著である。

⑦**チクショー**：全国にも散在的に分布するが、主として関東・東海地方を中心とした分布を見せる。

⑧**サーサ類（サーサ／アッサーサ／サイ）**：「サーサ」と「アッサーサ」は、長野・新潟から東北にかけて分布しており、特に日本海側の分布が顕著である。「サイ」は、青森・岩手・秋田にそれぞれ数地点の分布が見られる。

⑨**アリャー類（アリャー／アヤー／アチャー）**：「アリャー」「アチャー」はいずれも全国的な広がりをもって分布しているが、近畿・四国・九州における分布は少なく、概して西日本よりも東日本における勢力が強いようである。また、「アヤー」は東北地方中心の分布を見せており、沖縄を除き、西日本には分布が見られない。

⑩**ヤイヤイ類（ヤイヤイ／ヤイヤ）**：「ヤイヤイ」の分布は、静岡県西部に特に顕著である。「ヤイヤ」は九州南部などに見られるほか、南東北にもわずかに分布している。

⑪**バッサリ**：高知に見られるのみであり、極めて局所的である。

⑫**アキサミヨー**：沖縄本島と多良間島にそれぞれ1地点ずつ見られる。

⑬**ダー**：東北と琉球にわずかに認められる。

⑭**チェッ**：中部地方中心に数地点分布が見られる。

以上のように、「失敗したときの言葉」の方言分布に現れた感動詞には、東日本ないし、西日本を中心に広い領域をもつものや、各地域に局所的な分布をもつもの、全国的に散在するものなどがあることが分かる。

3. 文献での現れ方と方言分布の対照

　ここでは、上で見た感動詞の文献における現れ方を確認し、それらの方言分布がどのように形成されたのかを考えてみる。まず、第2節で示した①〜⑭の感動詞を、文献と方言との対応関係から、大きく次の4つに分類した。

　　(a)　文献でも失敗の感動詞としての用例が確認できるもの
　　(b)　文献での用例は確認できるが、意味がずれているもの
　　(c)　文献では感動詞の用例は確認できないが、他の品詞としての用例はあるもの
　　(d)　文献では全く用例が見られないもの

　以下、この順番に検討する。なお、(a)(b)については語ごとに文献の用例を引用しながら見ていくが、(c)(d)については簡潔に扱う。

3.1. (a)文献でも失敗の感動詞としての用例が確認できるもの
①シマッタ類（シマッタ／シモータ／シモタ／チョッシモタ／アイタシモタ）
　「シマッタ類」は、いずれも近世中期以降に文献に姿を現してくる。
　まず、上方で、動作の完了や収納を表していた動詞「しまう（仕舞う）」が文法化を起こし、「〜てしまう」という補助動詞となって失敗の意味を表すようになる。さらに、「シモータ」や「シモタ」といった失敗を表す感動詞として独立した形が現れてくる。

（1）〔由良ノ助が女郎達とふざけている様子を見て〕「イヤコレ由良ノ助殿。矢間十太郎でござる。こりゃ何となさるゝ。」「南無三宝。仕舞た。」
　　　（『仮名手本忠臣蔵』第七、日本古典文学大系51『浄瑠璃集』上 p.339）

　このような「シモータ」が西日本を中心に伝播し、現在見るような分布を

形成したと考えられる。なお、「シモータ」は図1から分かるように、東西境界線の東側では「シマッタ」となっている。これは「シマッタ」が上方から東日本の領域へ進入した際、地域による形態論的な制約を被り、促音便形に形を変えたものと思われる。この「シマッタ」は近世後期になると、(2)のように、江戸の文献にも現れてくる。

（2）　梶原、ばんばの忠太が注進にて、まことの景清をうち取らんと、大勢にて取り巻く。「景清くわんねんしろ」「こりやたまらぬ」「なむさんしまった」

（『めくら仙人目明仙人』、有朋堂文庫『黄表紙十種』p.40）

　このことから、東日本の「シマッタ」の分布は、西日本から「シモータ」が地続きに入り込んだことによるだけでなく、上方からの伝播をいったん江戸が受け止め、周囲に放射したことで形成されたものも存在すると考えられる。
　なお、(1)の用例は「南無三宝」という別の感動詞を伴い、また(2)も「南無三宝」が変化した「なむさん」に後接している。このことから、「シモータ」・「シマッタ」は、初めは「南無三宝」と共起して失敗の意味を表していたものが、後に、単独でも失敗の意味を表すようになったと考えられる。ただし、図1の調査結果には「ナムサン」は現れておらず、その変化を方言上に確認することはできない。
　また、「チョッシモタ」・「アイタシモタ」については、文献の用例は見られなかったため、「シモタ」が、各地でそれぞれ「チョッ」や「アイタ」と複合したことで生まれた方言独自の語形であると考えられる。

3.2.　(b)文献での用例は確認できるが、意味がずれているもの
②アイター類（アイター／アター）
　「アイター」は、痛みを感じたときに発する感動詞としての用例が、中世後期から見られる。

（3）　強力が耳をはさむ、強力耳をはさまれて「あいたあいたあいた、なふみゝがちぎるゝは、なうかなしや、かなしや、どうぞしてはなひてくだされひ」
　　　（『大蔵虎明本狂言集』「かに山ぶし」、『大蔵虎明本狂言集の研究』本文編上 p.427；狂言の用例の出典は以下同様）

　いっぽう、失敗の感動詞としての「アイター」は文献には確認できなかった。しかし、図1に見られるこの語の分布は、西日本を中心に全国に広がっていることから考えれば、文献には用例は現れないものの、中央において痛みから失敗へと意味を拡張させた「アイター」が発生し、それが各地へと伝播したものと推定される。もちろん、痛みを表す「アイター」をもとに各地で失敗へと多元発生的に意味が変化した可能性も否定はできないが、この語の分布の広がりに目を向けると、これだけ多くの地点で独自に痛みから失敗へと変化したというのは考えにくい。
　また、「アター」については、（4）に挙げたような熱さを表す感動詞「アタアタ」の用例が見られる。

（4）　病付給ケル日ヨリ、水ヲダニモ喉ヘ入給ハズ。身中熱スル事火燃ガ如シ。(中略)宣フ事トテハ、「アタアタ」と計也。
　　　　　　　　　　　（『延慶本平家物語』第三本、勉誠社版本文篇上 p.607）

　しかし、熱さと失敗とでは意味の関連性が弱く、前者から後者への意味変化を想定することは難しい。図1での「アター」の分布は「アイター」の周辺に散在していることからすれば、「アイター」が各地で「アター」に形を変えたものと考えるのが妥当であろう。

⑧サーサ類（サーサ／アッサーサ／サイ）
　「サーサ」・「アッサーサ」は、失敗の感動詞としての用例は得られなかった。しかし、語形と意味との対応から考えて、次の用例に見られる「サ」と

いう感動詞が語源である可能性がある。

（5）「是にがん（雁）がいる。つぶてをうってみう。（と云てうつまねして）<u>さあ</u>たつたは。」　　　（『大蔵虎明本狂言集』「がんつぶて」p.263)

　また、この「サ」が長音化して「サア」となり、さらに畳語化した「サアサア」という形態も見られる。

（6）（大黒、ひやうしにかかってゆく。）「<u>さあさあ</u>勝ったは」
　　　　　　　　　　　（『大蔵虎明本狂言集』「ねぎ山ぶし」p.414）

　『時代別国語大辞典　室町時代編3』によると、これらの感動詞は、「新たな事態に直面して、その事実を確認して発する声（p.3）」であると説明されている。これと、失敗の際の叫び声との関係を考えてみると、失敗の叫び声は、「新たな事態に直面して、その事実を確認して発する声」の一種であることに気がつく。上記の用例は事の成功を喜ぶ場面であるが、「さあさあ」はマイナス事態での使用もあったと思われ、そのひとつが失敗の場面であったと考えられる。
　おそらく、「さあさあ」の末尾長音が落ちた形の「サーサ」は中央にも存在し、その意味は「さあさあ」と同様に、「新事態に直面した際の感動」という基本的な意味をもっていたと思われる。しかし、それが次第に失敗の場面に限定のものとして用いられるようになり、そのように変化した「サーサ」が中央から伝播して方言を形成し、地域によっては感動詞「アッ」との複合によって「アッサーサ」が生まれたものと考えられる。「サーサ」の失敗の場面への限定は方言に伝播した後で起こったという可能性もありうるが、『日本方言大辞典』の「さーさ」の項（p.967）によれば、方言には、意味が限定される以前の広義の用法が見当たらない。方言におけるこのような意味・分布の状況から推せば、「サーサ」の失敗場面への限定は、中央ですでに生じていたと考えるのが妥当である。

いっぽう、「サイ」については、次のような肯定の応答詞としての用例が見られた。

（7）「抹香やおが屑とは違うた物ぢゃ　なう又次ぎ」「サイ」
　　　（『妹背山婦女庭訓』道行恋のをだまき、日本古典全書62『近松半二集』p.399）

ただし、このような応答の「サイ」と失敗の「サイ」とでは、意味的な関連が見出しにくい。また、失敗の「サイ」の分布は、ほぼ北東北に偏っている。そのため、図1の「サイ」は中央とは無関係に、「サーサ」など周囲に見られる語形から地域独自に発生したものである可能性が高いと考えられる。

⑨アリャー類（アリャー／アヤー／アチャー）
　「アリャー」は、指示詞「あれ」が感動詞化したものと、感動・詠嘆を表す間投助詞「や」とが結びついて「あれや」と一語化し、さらに「アリャ」に変化したものと思われる。「アレヤ」の用例は中世前期から見られるが、「アリャ」は中世後期から出現する。

（8）「ありや独りはゑおみしやるまひ程に、くんでしんぜう」
　　　　　　　　　　　　　　（『大蔵虎明本狂言集』「やくすい」p.110）

また、「アヤー」も、中世から用例が見られる。

（9）　弁慶が大長刀を打流して、手並みのほどは見しかば、あやと肝を消す。　　　　　（『義経記』巻第三、日本古典文学大系37、p.123）

以上の例のように、「アリャー」・「アヤー」は驚きを表すものであり、失敗専用の形式ではない。それに呼応するように、これらの語形は、図1の

調査と同時に調べた項目「驚いたときの言葉」（項目番号38）においても全国的な広がりが認められる。このことから考えると、図1に現れたこれらの語形は、驚きの感動詞として方言に広まったものが、失敗の際の驚きを表現するものとして回答されたと見なすのが妥当であろう。

「アチャー」については文献の用例が見られなかったものの、やはり「驚いたときの言葉」の調査項目では各地に分布が見られるので、「アリャー」・「アヤー」と同様の経緯があったと思われる。

⑩ヤイヤイ類（ヤイヤイ／ヤイヤ）

「ヤイヤイ類」は次の例のような驚きの感動詞「ヤレヤレ」が語源であると考えられる。

(10) 「やれやれめでたひ事かな、仕合ようて、国本へ御供いたひてまいらふは、うれしい事じや」　　　（『大蔵虎明本狂言集』「雁盗人」p.167）
(11) 「やれやれにがつたことを仰付られた」
　　　　　　　　　　　（『大蔵虎明本狂言集』「よびこゑ」p.319）

この「ヤレヤレ」が、r音の脱落などによって「ヤイヤイ」になったものと考えられる。「ヤイヤイ」自体の用例は見られないものの、「ヤイヤ」の形が文献で確認される。

(12) 「孝文傷―母ノ仇ヲ復チヤホトニトテ赦サレタソ當是―ヤイヤコワイトテソ」　　　（『史記抄』巻十四・61表、抄物資料集成1、p.495）

以上の用例から分かるように、意味的にはこれらの感動詞は、喜ばしい時や落胆した時、恐ろしい時など、広く意外な事態への驚きに使用されるものであった。おそらく、こうした「ヤイヤイ」の類が方言に伝播したのであろう。『日本方言大辞典』の「やー」の項（p.2423）によれば、図1の「ヤイヤイ類」の回答地域とほぼ同じ地域に、驚きの感動詞としての「ヤイヤイ類」

の存在が報告されている。ただし、図1と同一調査の「驚いたときの言葉」の項目では「ヤイヤイ類」がほとんど回答されていないことからすれば、それらの地域では驚き一般から失敗の驚きへと意味の限定が進みつつあることがうかがえる。

⑬ **ダー**

　「ダー」は歌舞伎等の舞台で、斬られたりして殺される役の者が倒れる時に出す叫び声としての用例が、近世後期から見られる。

(13)　「(惣太うしろより出、ゑりをつかんで引よせ、しめころす)〈仕丁〉
　　　 ダアゝ」　　　　　　　　　（『廓大帳』、洒落本大成15、p.109）

　おそらく、このような、相手に打撃を受けたときに発する感動詞「ダー」が方言に伝わり、地域的に失敗の感動詞に変化して用いられるようになったと考えられる。ただし、「ダー」の分布は東北・琉球という日本の周辺部であり、近世後期という新しい時期に江戸で使われた「ダー」が伝播したものとは考えにくい。おそらく、この語はもっと古くから中央語として存在し、それが方言に伝わったと考えるのが妥当であろう。

⑭ **チェッ**

　「チェッ」は物事がうまくいかなかった時などに発する言葉、またはそのような時に舌打ちする音として近代から用例が見られる。

(14)　「ヱヱかまはない チェッ 知れたらしれたときのことサ」
　　　　（『牛店雑談安愚楽鍋』、明治文学全集1『明治開化期文学集』p.151）

　このような「チェッ」は、失敗したことを直接表現しているわけではない。そのため、中央から伝播した後、各地で失敗によって生じる悔しさなどを契機として、失敗の場合に用いられるようになったものと考えられる。

3.3. （c）文献では感動詞の用例は確認できないが、他の品詞としての用例はあるもの

これに該当するのは、③ヤッター、④シクジッタ、⑤マイッタ、⑥ヨワッタ、⑦チクショー、⑪バッサリ、の6つである。

このうち、「ヤッター」は動詞「やる（遣る）」のタ形であり、「やる」が近世後期以降に獲得した、よくない行為を行う、という意味に由来すると考えられる。同じように、「シクジッタ」・「マイッタ」・「ヨワッタ」の3つも、次のように、そのもとになった動詞を想定することができる。

感動詞	もとになった動詞	意味	文献での登場時期
シクジッタ	←「しくじる」	〈失敗する〉	近世前期
マイッタ	←「まいる（参る）」	〈降参する〉	近世前期
ヨワッタ	←「よわる（弱る）」	〈困惑する〉	近世中期

以上の形式は、いずれも図1での分布が弱く、局所的・散在的である。このことと、文献での現れ方を合わせて考えると、これらは、中央において感動詞として成立・確立したものではなく、それぞれの動詞をもとに、各地域でタ形が感動詞的に使われるようになったものと思われる。さらに言えば、「シマッタ」や「アイター」などと異なり、これらの形式には、未だもとの動詞の原義が生きているのではないかと考えられる。このことは、これらの形式が、失敗の感動詞に成り切っていない感嘆文的な表現であることを示唆する。これらの分布が局所的・散在的であるのには、そうした感動詞として未成熟な性格が影響しているのであろう。

また、「チクショー」は名詞「ちくしょう（畜生）」からの派生であることは明らかである。この語は、もともと牛馬などの畜類を指したが、中世後期以降、人を罵る言葉として用いられるようになり、それが各地で失敗の感動詞に発展したと考えられる。この「チクショー」も失敗そのものではなく、失敗に伴う悔しさを表すのが本来の用法であり、そうした性質のために図1での現れ方が弱いものと思われる。

さらに、「バッサリ」は、副詞として、刀などで勢いよく切るさまを表すオノマトペとしての用例が近世中期以降見られる。しかし、失敗と意味上の関連を見出すのは難しく、分布も極めて局所的であることから、この語は地域独自に発生した可能性が高い。

3.4. (d)文献では全く用例が見られないもの

これに該当するのは、⑫**アキサミヨー**である。「アキサミヨー」は文献での用例は見られず、分布も琉球のみに限定されることから、この地域で独自に発生した感動詞であると考えられる。なお、「アキサミヨー」は、むしろ「驚いたときの言葉」（項目番号38）において多くの回答が得られている。したがって、この語も、「アリャー類」と同様、本来、驚き全般を表す形式であり、それが、失敗の驚きにおける図1の分布にも現れたものと理解される。

3.5. ここまでのまとめ

ここまで、図1に見られた失敗の感動詞について、文献への現れ方と分布との対照から、それらの方言分布がどのように形成されたのかということについて論じてきた。ここでは、上記の内容について、その感動詞が中央から伝播したものか地域独自に発生したものか、また、地域的な意味変化を伴うものか否か、という2つの観点から整理してみた。形式の後ろの（　）は文献での初出時期を記したものだが、A-1の形式を除き、その形式そのものではなく、関連する形式の初出である。

　　A　中央から伝播したもの
　　　A-1　地域的な意味変化を伴わないもの
　　　　①中央で失敗の際の驚きを表す感動詞として成立し、伝播後、方言でもそのように使用されているもの：「シマッタ類」（近世中期）・「アイター類」（中世後期）・「サーサ類」（中世後期）
　　　　②驚き一般を表す感動詞として中央から伝播し、方言でもそのまま

使用されているもの(驚き一般を表す感動詞が、失敗の際の驚きも表すことから回答されたもの):「アリャー類」(中世後期)
A-2　地域的な意味変化を伴うもの
③驚き一般を表す感動詞として中央から伝播したが、方言では失敗の意味に変化したもの:「ヤイヤイ類」(中世後期)
④別の意味を表す感動詞として中央から伝播したが、方言では失敗の意味に変化したもの:「ダー」(近世後期)・「チェッ」(近代)・「チクショー」(中世後期)
B　地域独自に発生したもの
⑤失敗に関わる動詞をもとに、タ形のかたちで地域独自に発生したもの:「ヤッター」(近世後期)・「シクジッタ」(近世前期)・「マイッタ」(近世前期)・「ヨワッタ」(近世中期)
⑥語源は不明だが、地域独自に発生したと考えられるもの:「バッサリ」(近世中期)・「アキサミヨー」

　この整理をもとに、失敗の感動詞の方言形成について、全体的な傾向や問題を把握してみよう。
(1)中央語との関連
　以上によれば、全国に展開する語形は、何らかの意味で中央語と関わるものが多いことが分かる。中でも、「シマッタ類」・「アイター類」・「サーサ類」など、もともと失敗の感動詞として中央から方言へ広まった語形は分布領域が広く、伝播力や定着力が強かったことがうかがえる。いっぽう、中央語に由来しても、「ヤイヤイ」・「ダー」・「チェッ」・「チクショー」のように各地で意味変化の結果、失敗の感動詞になった語形、あるいは、「ヤッター」・「シクジッタ」・「マイッタ」・「ヨワッタ」・「バッサリ」・「アキサミヨー」のように地域独自に発生したと考えられる形式は分布が局所的であったり散在的であったりして、十分な普及力をもたなかったといえる。
(2)伝播速度について
　方言分布と文献とを比較した際に特に気になるのが、方言に分布する感動

詞の新しさである。文献で確認する限り、分布する感動詞の多くは、中世後期からようやく現れ始める。現在の共通語的な言い方であり、方言でも広大な領域をもつ「シマッタ類」でさえ、感動詞としての用例が文献に現れ始めるのは近世中期以降のことである。その理由の1つとしては、感動詞は談話的な性格が強いため、書き言葉として記録されにくく、それゆえ、中世以降に書かれた狂言台本などの口語を反映した資料にようやく姿を見せるものが多いことが考えられる。しかし、そのような独自の事情を考慮に入れたとしても、方言に分布する「失敗の感動詞」の新しさは特筆すべきことである。とりわけ「シマッタ類」のように、近世中期以降に文献に現れる語が、広範囲に分布しているようなことはきわめて稀であり、伝播の足が格段に早いと言わざるを得ない。

　このような傾向が感動詞全般に当てはまるかは現段階ではわからないが、今回の事例から考えると、感動詞の伝播のスピードは、一般的な語の伝播速度に比べて格段に速いということが指摘できそうである。その理由としては、感動詞は他の品詞に比べて独立性が高いため、文法体系や語彙体系が異なる地域の言語に入り込み、その一員となるのにそれほど時間がかからないという可能性が考えられる。

(3) 意味的な問題

　次に、意味的な観点から見ると、失敗の感動詞には、「ヤイヤイ」のようにもともとより広い意味で使われていたり、「ダー」・「チェッ」・「チクショー」のように本来別の意味で使用されていたりしたものが、方言上、意味変化を起こすことで成立したというケースが目立つ。

　いっぽう、「アリャー類」はそれらとは解釈が異なる。すなわち、「アリャー類」は広い意味の驚きを表現する感動詞であり、その点は、中央語においても方言においてもそれほど違いがないと思われる。それにもかかわらず、図1の調査で「アリャー類」が大量に回答されたのは、広義〈驚き〉の感動詞「アリャー類」が、失敗の驚きという具体的な場面でも使用可能であったからである。この点は、「アキサミヨー」も同様である。

　もうひとつ、注目しておきたいのは「ヤッター」・「シクジッタ」・「マイッ

タ」・「ヨワッタ」など、失敗に関わる動詞をもとに、タ形のかたちで地域独自に発生した形式である。先に、これらはまだ感動詞に成り切っていない可能性があることを指摘しておいた。これらの形式は、たとえ感動詞として認められるとしても、「シクジッタ類」を除けば、失敗そのものに焦点が当てられたものとは思われない。その点では、「チェッ」・「チクショー」なども、本来的な失敗の感動詞とは言えないであろう。こうした、いわば、「擬似」失敗の感動詞は概して東日本からの回答が多いことは注目される。この現象は、同じく東日本で広義〈驚き〉の感動詞「アリャー類」が優勢なこととも合わせて、後ほどあらためて考察する。

4. 感動詞の地域差が意味する歴史的傾向

　ここまでは、図1における各語の分布の概況と、文献における現れ方を対照することで、失敗の感動詞の方言が、それぞれどのように形成されたと考えられるかを述べてきた。ここでは、新たな角度から、失敗を表す感動詞の地域差と、そこに反映された歴史的傾向について論じていく。

4.1. 語形の出自の地域差―非概念系から概念系へ―

　今回の調査で回答された失敗の感動詞は、次の2つのグループに分類することができる。

　　Ⅰ．動詞・形容詞・名詞など概念的な言葉に由来するもの：
　　　　凡例の「シマッタ」から「チクショー」までの形式
　　Ⅱ．指示語やオノマトペ、あるいは生理的な音声など非概念的な要素に
　　　　由来するもの：
　　　　凡例の「サーサ」から「チェッ」までの形式

　このⅠ、Ⅱのグループを、それぞれ「概念系感動詞」、「非概念系感動詞」と呼ぶことにしよう。その上で、これらがどのような分布を見せるのかを示

84　感動詞

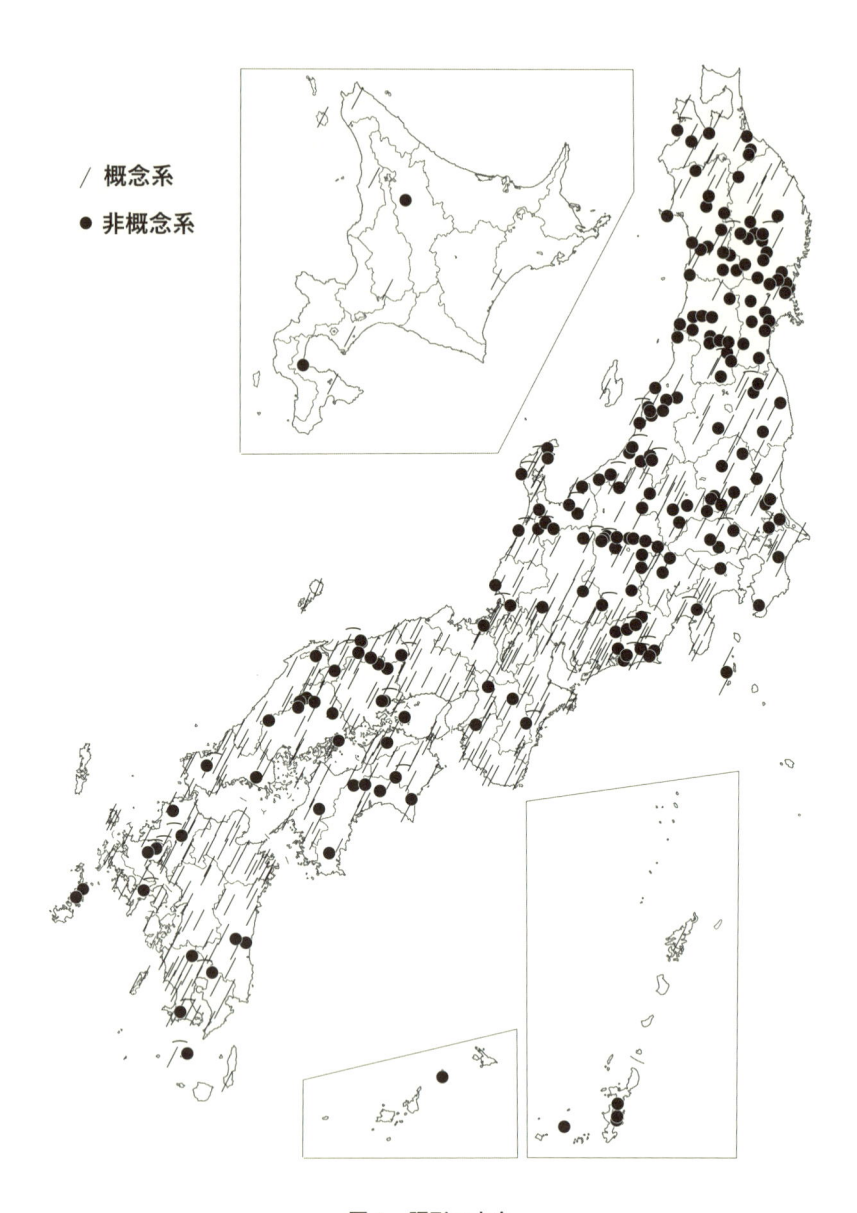

/　概念系
●　非概念系

図2　語形の出自

したのが図2である。

　図2では、「非概念系」は全国的に見られるものの、圧倒的に東日本に多いことが分かる。それに対して「概念系」は西日本に多く、東日本には少ない。つまり、「概念系」と「非概念系」とは、大局的に見て次のように東西対立をなしている。

【1】　　　　西日本　　　　　｜　　　東日本
　　　　　概念系感動詞　　　　｜　　非概念系感動詞

　この地域差はいったい何を意味するのだろうか。一般的に考えて、言語の発達過程としては、もともと生理的な音声などによる叫び声に近い感動詞（非概念系）を主としていた段階から、言語化された意味のある形式に基づく感動詞（概念系）へと移行してきたという変遷が推定される。このことは、先に見た文献での出現状況からも支持される。

　すなわち、西日本に分布する主要な感動詞は、「シマッタ類」と「アイター類」である。このうち、「アイター類」は中世後期から中央の文献に現れるのに対し、「シマッタ類」は、近世中期以降にようやく文献に顔を出す、歴史的に見ても非常に新しい感動詞である。いっぽう、東日本に分布する主要な感動詞は、「サーサ類」と「アリャー類」であるが、これらはいずれも中世後期から文献に現れ始める。さらに、図1で「アリャー類」に分類した感動詞の中には、実際には「アラ」「アレ」といった形も含まれている。これらは、文献では、「アラ」が中古から、「アレ」は中世前期から用例が見られ、「アリャー」よりもさらに古い時代から用いられている感動詞である。この「アラ」・「アレ」の分布は、数はさほど多くないが、地域的には明らかに東日本に集中している。これらのことを総合すると、東日本に多く分布する非概念系の感動詞は、歴史的に見ても、西日本に多い概念系の感動詞よりも古い段階を示していると考えられる。

　以上から、概念系（西日本）と非概念系（東日本）の対立には、感動詞の歴史的な発達過程が反映しているということになる。つまり、上記【1】の地域

差は、次の【2】のような歴史に置き換えられる。

【2】　　　　西日本　　　＜　　　東日本
　　　　　概念系感動詞　　　　非概念系感動詞

　もっとも、このような東西対立は大まかな捉え方であり、実際には、西日本にも非概念系感動詞は分布しており、また、東日本にも概念系感動詞の分布は見られる。このような点について、まず、西日本にもっとも多く見られる非概念系の「アリャー」について見てみよう。西日本における「アリャー」は、図1から分かるように、西日本の中でも比較的古態を残しやすい中国山地に集中して分布している。また、鹿児島に分布する「シマッタ類」の「チョッシモタ」は、非概念系の「チョッ」と、概念系の「シモタ」との結合による感動詞と見られる。これは、もともと「チョッ」という非概念系感動詞があったところに、概念系感動詞の「シモタ」が伝播し、結合を起こしたことを物語る。以上のような西日本における分布状況から考えても、西日本では非概念系感動詞は概念系感動詞よりも先に存在しており、その後、概念系感動詞へと推移していったという歴史を推定することができる。

　また、東日本における概念系感動詞については、「シクジッタ」や「ヤッター」・「マイッタ」・「チクショー」などがあるが、それらの分布は局所的、あるいは非常に散在的であり、いずれも主流をなすほどの勢力をもっていない。また、これらが、「シマッタ」のような失敗の感動詞に成り切っていない可能性が高いことは、3.5で指摘したとおりである。おそらく、非概念系感動詞が勢力をもつ東日本においても、概念系感動詞へと移行していこうとする動きが湧き上がったのであり、それが、「シクジッタ」以下の形式であったと思われる。しかし、その動きは、西日本に比べて微弱なものであり、まだ、東日本全体に影響を及ぼすような大きな力にはなっていないと考えられる。

　以上のことから、【2】で示した歴史的展開はおおむね妥当なものと認めてよいであろう。

ところで、非概念系感動詞は、「サーサ類」などの例外はあるものの、「アリャー類」に代表されるように、意味が広くさまざまな場面で使用できるものが多い。いっぽう、概念系感動詞は、語源的に見ても意味範囲が狭く、失敗の場面に限定されているものが多い。このことからすると、非概念系から概念系へと移行したという歴史は、実は感動詞が一語で広範囲の意味をカバーした段階から、場面・状況ごとに特定の形式が必要とされる段階へと変化した歴史を反映しているとも解釈される。別の言い方をすれば、未分化な感動詞から分化した感動詞への移行という歴史が描けるかもしれない。【2】にこの点を加え、【3】のように示しておこう。

【3】　　　西日本　　　＜　　　東日本
　　　　　概念系感動詞　　　　　非概念系感動詞
　　　　　＝分化的段階　　　　　＝未分化的段階

4.2. 表現の定型化の地域差―非定型から定型へ―

　ここまで述べてきた中では特に言及してこなかったが、東日本は調査票の回収率が西日本を大きく上回っているにもかかわらず、回答数が少なくグループ化できなかった語形が多い。それらは、図1では「その他」と表示してある。ここでは、そのような「その他」語形が分布する地点を抜き出し、改めて次ページの図3として示した。

　これを見ると、西日本では「その他」語形の回答は圧倒的に少ないことが分かる。つまり、西日本では、ほとんどの地域が失敗場面専用の決まり文句「シマッタ類」によって統一されており、表現が非常に定型化している。いっぽう、東日本では、「サーサ類」など、ある程度広い分布領域をもつものはあるが、概して各地域で表現のバラエティーが豊富であり、西日本のような定型化は起こっていない。

　このような東西の違いには、ある場面において、決まった言い方がなかったり、複数の言い方が許容されたりした段階から、次第に一定の表現に固定していくという、感動詞の発達過程が投影されている可能性がある。すなわ

88　感動詞

●「その他」語形

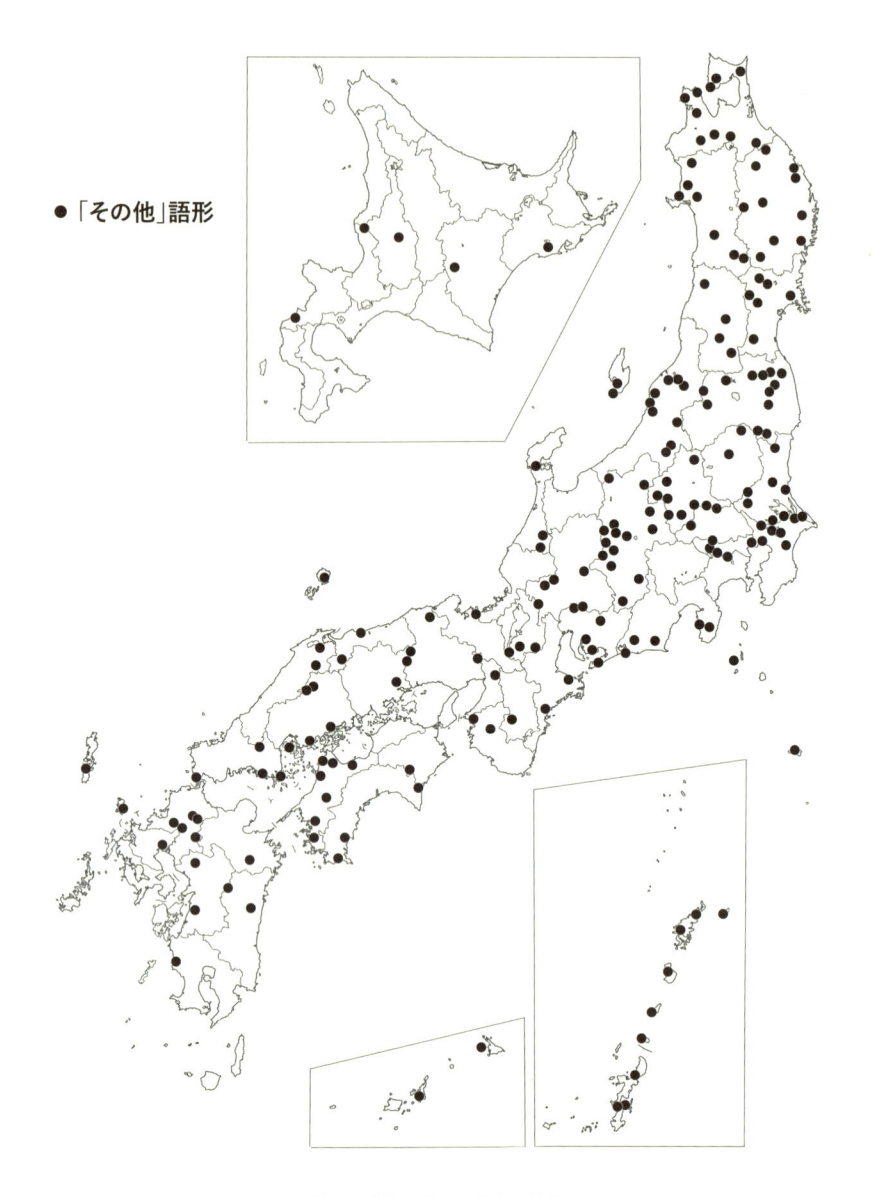

図3　「その他」語形の分布

ち、感動詞の発達過程において、東日本はいまだ非定型的な段階にとどまっているが、いっぽうの西日本は定型的な段階へと進んでいるという可能性である。これを図示すれば、次のようになる。

【4】　　　西日本　　＜　　東日本
　　　　定型的表現　　　非定型的表現

　表現の定型化に地域差があるということに関しては、三井（2006）が、『方言文法全国地図』の「おはようございます」（第 349 図）・「こんばんは」（第 350 図）の方言分布をもとに言及している。いずれも「オハヨーゴザイマス類」や「コンバンワ類」・「オバンデス類」などの定型的表現が広域に分布しているのに対し、天候を話題とする表現や、相手の行く先をたずねる表現などの非定型的表現が周辺部に分布しており、挨拶表現についても非定型から定型への推移が見て取れる。
　言うまでもなく、感動詞と挨拶表現では分野が異なるが、それらを「場面や状況に即して発する言葉」という観点から見れば、両者には共通性があるといえよう。すなわち、このような談話専用の要素については、感動詞に限らず、上の【4】に示したような、歴史的に非定型的な表現から定型的な表現へと発達する傾向があるのではないかと思われる。
　ただし、このような歴史を反映した地域差は、4.1 で述べた非概念系から概念系への移行、および、分化の問題とも関係があるかもしれない。というのも、定型的な表現として西日本を覆っているのは具体的には「シマッタ類」であり、この語は「概念系」・「分化的」という 2 つの条件を備えているからである。まず、概念系感動詞は動詞や形容詞・名詞など意味のある言葉を素材にしているため、指示語やオノマトペ・生理的な音声に基づく非概念系感動詞に比べて意識に上りやすく、音調的な変形も受けにくいのではないかと思われる。つまり、概念系の表現は定型化にとって有利に働くといえる。また、場面ごとに感動詞を分化させていくにあたっては、各場面の示差性を確保する必要があり、必然的に表現の定型化が求められたのではないか

と考えられる。
　以上のように、「概念系」・「分化」・「定型化」の3者は相互に関連しあっている可能性がある。おそらく、中央から西日本にかけて、場面ごとに異なる感動詞を用意しようとする分化的傾向が生じたのではなかろうか。その傾向に従って、概念的な言葉を素材として個別的な感動詞を生産し広めることにより、定型化が推し進められたのではないかと考えられる。「シマッタ類」は、そうした動きの中で選ばれた形式であり、これがいったん失敗の場面専用の形式として中央で成立すると、先にあった古い未分化の段階の形式を圧倒して一気に西日本に流れ込んだのではないかと考えられる。
　このことを考慮に入れると、先の【4】は次の【5】のように修正される。

【5】　　　　西日本　　　＜　　　東日本
　　　　　概念系感動詞　　　　　非概念系感動詞
　　　　　→定型的表現　　　　　→非定型的表現
　　　　　＝分化的段階　　　　　＝未分化的段階

5. まとめと今後の課題

　本論では、「失敗の感動詞」を例に、その方言分布がいかに形成されたのかという問題や、感動詞の地域差が意味する歴史的傾向について論じてきた。そこでは、西日本と東日本において「概念系・非概念系」、「分化・未分化」、「定型化・非定型化」といった大きな対立が認められた。このような表現の違いには、東西日本で言語的な発想法や運用意識が異なるという、より大きなレベルの問題が反映しているのかもしれない。さらに、その背景には、東西日本の社会的・文化的基盤の違いが潜んでいる可能性がある。こうした問題は、これまで研究が手薄だった感動詞のような談話レベルで機能する分野の地域差において初めて浮かび上がってくるものであり、方言学や方言形成論にとって、今後の発展が望まれる課題であるといえよう。なお、このような言語的発想法と社会的・文化的背景との関係については、小林・澤

村(2010a、2010b)で論じているので、そちらを参照していただきたい。

しかし、いずれにしても本論で取り上げたのは「失敗の感動詞」という一項目に過ぎず、事例研究の枠を超えたわけではない。今後、さまざまな感動詞について検討していく中で、見えてくることも多いと思われる。そのためにも、全国的な視野に立つ感動詞の詳細な調査は不可欠であり、これについては「消えゆく日本語方言の記録調査(感動詞)」(東北大学方言研究センター)で取り組みつつある。その成果をふまえた考察は、いずれ別の機会に行いたい。

文献

神鳥武彦(1973)「一語形式文としての感動詞―広島市方言の場合―」『広島女子大学文学部紀要』8

国立国語研究所(編)(2002・2006)『方言文法全国地図5・6』財務省印刷局

小林 隆・篠崎晃一(2003)『消滅の危機に瀕する全国方言語彙資料』科学研究費報告書

小林 隆・澤村美幸(2010a)「言語的発想法の地域差と社会的背景」『東北大学文学研究科研究年報』59

小林 隆・澤村美幸(2010b)「言語的発想法の地域差と歴史」『国語学研究』49

友定賢治(2005)「感動詞への方言学的アプローチ―「立ち上げ詞」の提唱―」『月刊言語』34–11

澤村美幸・小林 隆(2005a)「『しまった!』と叫ぶとき」第80回日本方言研究会発表原稿集

澤村美幸・小林 隆(2005b)「『しまった!』に地域差はあるか?」『月刊言語』34–11

藤原与一・広島方言研究所(1974)『瀬戸内海言語図巻 下』東京大学出版会

舩木礼子(2009)「感動詞―詠嘆表現2―」国立国語研究所全国方言調査委員会(編)『方言文法調査ガイドブック』3、私家版

方言研究ゼミナール(2006)『日本語方言立ち上げ詞の研究』方言資料叢刊9、私家版

三井はるみ(2006)「おはようございます、こんばんは」『月刊言語』35–12

森山卓郎(1996)「情動的感動詞考」『語文』65

柳田国男(1942)「感動詞のこと」『方言覚書』(『定本柳田国男集』18、筑摩書房所収)

【言語行動】

ポライトネスの地域差

陣内正敬

1. はじめに

　新聞の「人生案内」コラムに、概略次のような投書があった（読売新聞2009.8.14朝刊）。

> 　30代主婦。夫の転勤で関東から関西に引っ越してきました。夫も私も関東出身で関西は初めて。早く知り合いをつくろうと、小学校のPTA役員を引き受けました。また、習い事も始めました。ところが、周囲の人たちからは、「なぜ仕事をしないのか」「主婦で習い事までして、いい身分」などと言われます。
> 　確かに、子どもが小学校に上がると、仕事を始めるお母さんはとても多いです。でも、私は新しい土地に来て不安と孤独感でいっぱいなのです。とりあえず、学校の役員や習い事を通じて新しい人と知り合いになるという考えは甘いですか。今のままの気持ちでは関西に来たことも後悔してしまいそうです。

　これに対し、スポーツ解説者の増田明美氏が、概略次のような的確な答えを書いている。

関東と関西の文化の違いに戸惑うこともあるものです。私自身、選手の頃に大阪国際女子マラソンをよく走りましたが、沿道から「増田、何やってんねん」「アホやなー」と言われました。最初はひどい！　と思いましたよ。でも、後からそれは関西特有の人情味だとわかり、そんな応援が好きになりました。
　「仕事しないの？」という時には、あなたのことを気にしていますよという気持ちがあり、「習い事までしていい身分」は、このツッコミにどう答えてくるか試している感もありますね。言葉の裏に親しみが隠されているので、言葉をうのみにしてはいけません。

　いわゆる方言摩擦の1例である。非関西人が関西圏へやってくる場合によく見られるケースである。放っておいてほしい部分まで踏み込まれたり、罵声を浴びせられたりして関西人が怖くなり、どのように付き合ったらいいのか分からないという声は多い。また、逆に関西人が非関西圏へ出て行った場合も、逆向きの形で同様の摩擦は生じる。つまり、親しみを込めた冗談を言っても、それをまともに受け取られて困ったとか、ぼけているのに何のツッコミもなくて会話がおもしろくなく日常生活も味気ない、といったようなことである。
　このような会話の習慣は、母方言を習得する中で自然と身に付いたものであり、いわば無意識になされるものであって、お互いに悪気などまったくない。上述引用のような相談事があるということは、「何がポライトなのか」をめぐっての地域差があることを示唆している。つまり、言語行動において相手をどのようにもてなすのがいいのかについての地域性があるということである。外国人との異文化コミュニケーションにおいてはよく話題になることであるが、実は国内においても、とくに関西圏と非関西圏の間にはポライトネスに関して大きな溝があると考えられ、以下でもこの点を中心に考察をする。

2. ポライトネス研究をめぐって

2.1. politeness とポライトネス

「ポライトネス」という用語は、ここ 20 年間に日本語研究、とくに語用論研究、談話研究あるいは社会言語学研究の分野で急速に広まったものである。もちろんこれは Brown & Levinson (1987)(以下、B & L)の提唱した politeness をカタカナ語として日本語化したものである。politeness の概念はひとつの理論として厳密に体系化されたものであり、この理論をよりどころに膨大な数の論考が生み出され活発な議論がなされている。とりわけ敬語という対人配慮の表現が発達し、また「何を言うか」よりも「(相手を配慮して)どのように言うか」ということに心を砕く待遇表現がきわめて重要性をもつ日本語においては、この理論の影響力は大きい[1]。

このような politeness をめぐる議論とは別に、すでにこの語を「ポライトネス」として受け入れ、日本語の文脈の中で用いる用語として定着しつつあることも事実である。すなわち、敬語に限らない、広い意味での配慮の表現をポライトネス表現とする考え方である。したがって、ポライトネスは「コミュニケーション行動における対人配慮意識」と定義され、その意識が表れたさまざまな対人配慮の表現が研究の対象となってきたのである。この意味では従来用いられてきた「待遇表現」の概念に近いが、ポライトネスはあくまでも対人配慮であり、表現そのものではないところが異なる。この点は、個々の表現の背景にあるものを探ることになり、これは言語学的であるとともに文化人類学的関心の赴くところでもある。ポライトネスの文化差を語るときには、国民性や民族性などが関わるであろうし、国内の地域差を語るときには県民性や地域性が関わることになる。

ここで、ポライトネス理論の中でも本論の議論に関わる用語を簡単に説明し、以降の議論に備えたい。なお、この理論をご存知の読者は、以下は飛ばしてもらって構わない。

B & L によれば、人は他者に認めてもらいたいという欲求(positive face)と他人に干渉されたくないという欲求(negative face)の両面をもっている。

そして人々のやりとりにおいては、この両者を考慮しながらその場にふさわしい(と話者が判断する)言動が選ばれる。この言動は話者が選択するひとつのストラテジーであり、それは以下のような5つのタイプに分類される。

まず、相手の面子をつぶすという危険性がない場合には、明示的で直接的な言動がとられる (bold on record)。たとえば、「進入禁止」という立看板、軍隊での「打ち方、止め」という命令、あるいは「危ない！」という緊急事態において危険を知らせる場合などである。

次に、相手の面子をつぶす危険性がある場合には、相手との関係や話者の言うことが相手にどれくらいの負担をかけるかなどを考慮して、以下のような相手の面子を立てる方策が採られる。ひとつは相手の positive face を満たすやり方で positive politeness と呼ばれる。たとえば、お金を借りたいときに「なあ、友達だろう。お金貸してくれ」と、相手との仲間意識を強調するような場合である。他方、相手の negative face を満たすやり方は negative politeness と呼ばれる。同様のケースで「ごめん。もしできたら、お金ちょっと貸してくれない」と、なるべく遠慮がちにお願いするものである。最後に「ほのめかし」(off record)といわれるもので、間接的表現をとるものがある。たとえば、お金を貸してほしい時に「今日、財布忘れて来て、ちょっと困ってるんだ。」というような場合である。

日常のやりとりにおいては、相手に何かを要求したり、お願いしたり、あるいは何かを忠告したりとさまざまな言語行動があるが、この時に相手の面子をつぶさないように配慮する方法を分類したものである。この配慮の方法には、文化差や民族差もあるが、配慮の枠自体は普遍的というのが彼らの主張である。本論でも以降の国内の地域差の議論でもこの枠を参考にする。

2.2. ポライトネス研究の高まり

上述のように、最近の日本語研究ではポライトネスに関するものは隆盛を極めている。その多くは日常会話におけるやりとりの談話を資料として、配慮の在り方を探る試みである。いっぽう、方言研究としてポライトネスを扱ったものはまだ少ない。従来、いろいろな研究の段階はありながらも、方

言敬語や地域特有の敬語用法(形式そのものは標準語にもあるが、組み合わせや用法が地域固有のもの)、あるいは方言終助詞の待遇度など、さまざまにその研究は展開されてきた。しかしながら対人配慮ないしそれが言動として具体的に表れるものは相当に広く、これまで対象とならなかった部分が数多くある。冒頭に紹介した会話のやり方をはじめとして、形として現れるものだけでなく、その背景にある心理もまた非常に重要な要素である。ポライトネス研究は、敬語を含めてそれ以外のさまざまの配慮表現とそれを生み出す心理をも対象とするものであるから、相当に射程の広い研究分野ということになる。

なお、従来用いられてきた「待遇表現」や 2000 年の国語審議会答申で提出された「敬意表現」と、「ポライトネス」(対人配慮)の関係を簡単に述べておく。まず、大きな違いは、ポライトネスが「表現」そのものを指すのではなく、「配慮」という心理的なものを指すことである。したがって、「ポライトネス」のもとにさまざまな「待遇表現」があると考えてよい。また、「敬意表現」は、現代日本語の敬語現象は従来の「敬語」という概念では捉えきれないし、捉えてはいけないというところから提唱されたものである(井出(2001))。答申には、ポライトネスという用語は一言も出てこないが、ポライトネス理論の positive politeness や negative politeness などに影響を受けていることは明らかである。また、敬意表現のキーワードのひとつである「自己表現」についても、表現をストラテジーとして捉えようとする立場が見え隠れする。つまり、「敬意表現」は「敬語」と「ポライトネス」が混ざり合ったものと考えることができる。

3. ポライトネスの時代性

3.1. ポライトネスの変容

1980 年代に筑紫哲也氏が造語した「新人類」なることばが流行語となった。これは、当時の若者世代のものの考え方や言動が上の世代と明らかに違っており、上の世代からの戸惑いを含めた命名であったように思う。それは一言で言えば、「集団」より「個」を重んじる姿勢であった。集団の事情

より個人の都合を優先させる考え方である。これはそれまでに行われてきた集団の暗黙のルールを内在化させて、そのルールに従って行動するという「型」重視からの逸脱を意味したから、上の世代は戸惑ったわけである。ポライトネスの観点から見れば、「型」重視はルールに従い個性を出さないという点でネガティブ・ポライトネスの要素が強い。新人類は、「型」による個性の抑制を嫌い、素直に自己を表現するという点でポジティブ・ポライトネスの志向性をもった「人類」だと見なされる。そして、この流れは現在でも引き継がれている。

3.2. 敬語のゆれ・乱れ

　2007年の2月に文化審議会は『敬語の指針』という答申を出した（文化庁(2007)）。これは、上述のような価値観の多様化や自己表現の時代の中で、敬語の具体的な運用指針を示したものである。そこには、2000年の『敬意表現』の認識をふまえて、自己表現を尊重した敬語の使い方が提案されている。つまり、ひとつの敬語を押し付けるのではなく、ある許容範囲の中でいくつかの選択肢を挙げ、そこから自己裁量でもってある表現を選び取るという姿勢で書かれている。

　そもそも敬語は人間関係の秩序を維持するための手段であり、つまるところ「遠慮」意識に基づいたものである。つまりネガティブ・ポライトネスを志向したものである。これは、現在の日本人のポライトネス意識とはいささかミスマッチな面が出てきたことは否定できない。とりわけ、自分の個性を素直に表出する傾向のある若い世代にとっては、敬語によってそれを抑制することは苦手でありストレスを感じることにもなる。敬語が人間関係の潤滑油になるどころか、逆に「壁」になるということもまま起こり得ることなのである。

　考えてみると、現在の敬語のゆれ・乱れが云々される大本には、上下意識と親疎意識両方の変容によるものがあるのではないか。つまり、戦後の民主平等の気風の中で、親と子、先輩と後輩、教師と生徒などに見られた目上目下意識は明らかに衰退してきたし、また親疎意識レベルにおいては、遠慮意

識の衰退とともに「親和性」(フレンドリーであること)を重んじる気風が増してきたことである。かつてヨーロッパにおいて、フランス革命によって引き起こされた身分制社会の崩壊により、人称代名詞 T と V の用法が上下意識から親疎意識へ変化したという現象(Brown & Gilman (1960))が、200年遅れて日本において進行中であるとも考えられる。また、戦後の日本がフレンドリーさを基調とするアメリカ風人間関係を志向してきた、ということも関係があるだろう。

敬語のゆれ・乱れは、なにも日本人が堕落したからではなく、社会変容にともなって、それに順応すべく日本人が変わってきたことを意味しているのである。

3.3. ポジティブ・ポライトネスとしての方言使用

方言は、かつては隠すものであった。それが今では自分を表すものとして積極的に活用されることが珍しくはなくなった。この方言に対する価値づけの変容は、地域によって多少の時差はあるが、1970年代ごろを境に出てきたもので、日本社会が近代から現代へと変わる際にもたらされた「標準から非標準へ」という価値観の変化のひとつの表れでもある。

方言には、また、相手との親和性を増す働きがあることも大きな魅力である。たとえば、陣内(2007)にあるように、首都圏の若者の中には、通常は使わない日本の各地の方言を携帯メールで用い、そこに集団語的機能をもたせて、親和性を醸し出すことを試みている。方言の「自己表現性」と相手との「親和性」はいずれもポジティブ・ポライトネスとして働いているものである。

4. ポライトネスの地域差

対人配慮の意識とそれをどう言動として表すかということについて、前節で見たように、日本の社会変容に伴って日本人自身が大きく変わってきていることは事実である。他方、同時代的に見た場合でも、ポライトネスにはさ

まざまな地域性のあることも事実である。冒頭に紹介したような関東と関西の違い、あるいは都市部と地方、あるいは都市の中でも、その都市成立の歴史性(商人主体か武士主体か、など)など、その集団を構成する人間関係の在り方によって多様である。この節では、このようなポライトネスの空間的多様性、とりわけ関西と非関西の比較に重点を置きながら議論したい。なお、ここでの「関西」は、大阪を核としてその言語文化の影響の及んでいる地域、と定義しておく。

4.1. ボケ・ツッコミ好感度、失敗談の披露

関西流と考えられる会話のやり方が各地でどのように受け取られているかということを知る目的で、2001年から2003年にかけて全国主要6都市(大阪市、広島市、高知市、福岡市、名古屋市、東京都)で行った臨地調査の一部を紹介しながら、地域差の一端をご覧いただく。なお、回答者は各都市ネイティブ200名前後で、世代(10代から60代まで)と性の分布に大きな偏りがないように配慮した(詳しくは陣内編(2003)、陣内・友定編(2006)を参照)。

この調査の調査項目には、従来あまり対象とされなかった会話のスタイルに関するものを含めておいた。たとえば、「ボケ・ツッコミという関西流の会話は好きですか」「普段の会話で、自分の失敗談を披露して相手を笑わそうとすることはありますか」などである。表1はこの2つの質問に対する6都市それぞれの割合である。(値は%)

表1　都市別回答割合

	「ボケ・ツッコミ」好き	「失敗談披露」よくある
大阪市	72.3	39.0
広島市	62.2	28.6
高知市	55.3	26.7
福岡市	50.7	29.9
名古屋市	45.5	23.8
東京都	50.8	22.1

ボケ・ツッコミも失敗談披露もいずれも会話に笑いをもたらすことを意図したものであり、これはポライトネスからみると、ポジティブ・ポライトネスと考えられる。つまり、Ｂ＆Ｌの中に挙げられている「冗談を言う」というストラテジーに類するものなのである。表の地域間比較からいえることは、やはりいずれも大阪が最上位にあること（ただ、大阪人であればだれもがボケ・ツッコミを好感し、だれもが自分を落とすのかというと、必ずしもそうではない）と、どちらかといえば西日本の方が東日本よりは大阪に近いということである。さらには、この表には反映されていないが、いずれの地域においても世代差が明瞭であり（大阪は除外）、若い世代ほど大阪に近くなる。つまり、このような関西流のポライトネスは現在若者世代を中心に、全国的に広がりつつあることが分かる。

　そもそも失敗談披露は自分を「落とす」ことによって笑いを起こし、「何やってんの」とか「あほやなあ」などというツッコミをもらうことを期待するが、このような習慣のない人からは「大変だったね」とか「次は大丈夫よ」といういわば「慰め」や「元気づけ」という「おもしろくない」反応が返ってくることになる。また逆のケースでは、「慰め」を期待した失敗談が、するどいツッコミを喰らって「なんと冷たいヤツ」という嫌悪感や反感をもってしまうということにもなるのである。いずれにしても、関西流の会話には、相手との積極的な関わりを求めるポジティブ・ポライトネス志向が底流にあり、会話を「共同作業」と位置づけていることがその本質だと思われる。

4.2. 会話スタイル

　Tannen (1984) では、ある属性集団（民族、地域など）にはある共通した会話のやり方があると考え、それを「会話スタイル」(conversational style) 名づけた。そこでは「親密体」(high involvement style) と「丁重体」(high considerateness style) というふたつの対照的なスタイルが挙げられ、その特徴が与えられている[2]。表2はそのうちから抜粋して比較したものである。「会話スタイル」は、日常われわれが行っているくだけたスタイルと改まったスタイルのコー

ド切り替えに関しても、同様の特徴が観察される。

表2　Tannen (1984) をもとにした会話スタイルの比較

	親密体	丁重体
発話のスピード	速い	遅い
話者交替	早い	遅い
ポーズ	避ける	避けない
オーバーラップ	避けない	避ける
割り込み	避けない	避ける
個人的話題	好む	好まない
話題の転換	早い	遅い
話題の持ち回し	多い	少ない

このうち、ポーズに関しては、前節で扱った調査の中で、関連したものを調査項目として盛り込んでいる。表3は、「普段の会話で、会話に間が空くこと（沈黙があること）は気になりますか」という質問項目に対して「とても気になる」とした回答の割合である。（値は%）

表3　都市別回答割合

	会話の中での沈黙がとても気になる
大阪市	35.0
広島市	32.4
高知市	32.7
福岡市	25.7
名古屋市	29.1
東京都	26.1

通常はスタイルの差として考えられるものが、地域的な違いとして表れるのは興味深い。大阪がまたしても高く、西日本が大阪に近いという結果は表1と同様である。大都市と地方都市、あるいは都市規模による違いは見られない。もっとも、都市部と郡部とでは違ってくる可能性はある。また世代差については、いずれの地域も10代で高い（30%～40%）以外は、大差ない。10代は高校生が主な回答者であったが、学校生活においては仲間内で心の絆を深めるためのおしゃべりが大切で、会話そのものを意識することが多い

のかもしれない。

　Tannenの「会話スタイル」については、実は、異文化コミュニケーションの脈略ですでに類似の研究がある。Scollon & Scollon (1981) では、カナダ人とアサバスカ・インディアンがお互いに抱いている、言語行動上の不満が挙げられている。たとえば、カナダ人からアサバスカ・インディアンに向けられた不満には、「知っている仲間としか話さない」「自分の能力について謙遜する」「計画しない」「あまり話さない、沈黙を守る」「自分から話すことをしない」「話者交替がゆっくりで時間がかかる」「間接的で話の内容がわかりにくい」「一定の音調で話す、変化がない」などが挙げられている。このことは、逆もまた真なりであり、アサバスカ・インディアンからは正反対の不満が挙げられている。おそらくこの対立の根本には「高文脈言語」「低文脈言語」(Hall (1976))の違いがあり、これが会話における対人配慮の違いとなって表れてくるものと考えられる。

　尾上(1999)には、大阪人的会話の特徴のひとつとして「饒舌性」が挙げられている。上述会話スタイル(表2)から見れば、「発話スピード」「オーバーラップ」「話者交替」「割り込み」など「親密体」の一部に相当する特徴と関係するものである。関西在住15年になる筆者(九州出身)の印象からしても、「話者交替」のテンポが早く、なかなか自分のターンを取れないもどかしさを感じることがある[3]。また尾上(1999)には大阪人の「停滞を嫌い、変化を好む」気質も挙げられている。これは、「ソノママヤン」とツッコミを入れる関西人の言語行動に端的に表れている。型どおりの終結よりは、意外な展開を楽しむ一種の遊び心といってもいいだろう。阪神淡路大震災で不幸にも息子を亡くした母親が、ある教会で「息子さんは天国で幸せに暮しておられますよ」と牧師さんに慰められて、「じゃ、番地を教えてください」と尋ねたというが、半分切実、半分冗談で、なんとも面白くおかしい。ただ、このような反応は、やはり根本的に「近い距離感」がないとできない。おそらく関西は、ポライトネスに関して、全国でもっともポジティブであろうとする地域だと思われる。

5. ポライトネス摩擦

　尾崎(1999)は「言語問題」を念頭に「関西ショック」体験を披露しているが、その後も、「方言摩擦」をキーワードに言語行動の地域性を探る試みを続けている。筆者も陣内編(2003)など同様の関心で、まずは地域的多様性を探り、それをもとに各地で生じている方言コミュニケーションの行き違いの要因と回避策を考えることを目的に調査・研究を進めてきた。そこで、行き着くのがこのような現象がポライトネスという観点からどのように見えてくるか、である。

　方言摩擦には意識に上りやすいものとそうでないものがある。一般に言語形式が問題となる場合は、可視化されやすく解決も容易であるが、ポライトネスのような心理面になると表面上は見えなくて、なかなか気づかれにくい。次の図は、コミュニケーションに関わる要素を、ごく大雑把に、気づかれ易さ(難さ)を尺度として配置したものである。

気づかれ易い　　　　　　　　　　　　　　　　　　　気づかれ難い
←――――――――――――――――――――――――――――→

語彙・文法　　パラ言語　　会話スタイル　　ポライトネス　　価値観・
・表現　　　　　　　　　　　　　　　　　　　　　　　　　歴史・文化

図1　コミュニケーションの要素と気づかれ易さ

　この配置はあくまでも暫定的、相対的なもので、さらなる洗練の必要性がある。また語彙・表現レベルの中には、たとえば「気づかない方言」なども該当するが、この中でも形式よりは用法の方が見えにくい。つまり形式は共通語の側にもあるがその意味・用法が方言固有の場合であり、関西で用いられる終助詞「ネ」が「お客さん、あのネ、…」のように「疎」である相手に(ないし「目上」である相手にも)用いられる、というような例が該当する。

　いずれにしろ、これからはポライトネスのレベルを究明することが根本的課題であるが、そのためには、これまであまり注目されてこなかった「パラ

言語」や「会話スタイル」レベルの知見を蓄積し、その中から対人配慮の地域差を明らかにしていくことが求められる。

　最後に、日本人のポライトネスの国際性という観点からいえば、おそらく関西的ポライトネスは典型的日本人からは遠く、むしろ欧米を中心とした海外のポライトネスに近づくと感じられる。もちろんここでの「海外」とか「国際性」というのは漠然とした概念であり、明確な尺度で計ったものではないが、少なくとも「饒舌性」や「親近性」、あるいは、(周りを気にしない)「自己表現」などは、アサバスカ・インディアンと共通する典型的日本人のポライトネスからは遠く、一歩、国際性をもつものと思われる[4]。

注

1 ただし、その普遍性をめぐってはいろいろな疑問点や反論が出されている。いわゆる「面子」faceという概念ははたして普遍的なものなのか、あるいは、politenessはストラテジー(方略)として考えられているが、たとえば日本語の敬語現象はストラテジーとしてよりは社会的慣習としてのものではないのか(井出(2006))などは、そのおもなものである。

2 ちなみに、各スタイルの名称については、滝浦(2007)では、それぞれ「高関与体」「高配慮体」としている。

3 Tannen(1984)では、ニューヨーク出身は話者交替時のポーズが短く、カリフォルニア出身者はなかなかターンを取れなくて、沈黙が多くなる、という観察が述べられている。

4 尾上(1999)には大阪人の「当事者離れ」という表現で「ある事態をその外に立ってながめる」傾向のあることに言及しており、「自在な当事者離れこそ、大阪の笑いの出発点である」としている。いっぽう、池上(2006)や井出(2006)などには日本語表現の類型として出来事に入り込み、その事態の外側には立たない傾向を指摘している。日本語の特徴について、池上は「日本人は自己の他者化はにがてなのである。」(p.184)、井出は「日本語は話の場の中に話し手が入ってしまっている…」(p.221)。このような知見と比較すると、関西人の視点は標準的な日本人からは遠いと考えられる。

文献

池上嘉彦(2006)『英語の感覚・日本語の感覚〈ことばの意味のしくみ〉』日本放送出版協会

井出祥子(2001)「国際社会の中の敬意表現―その国際性と文化独自性」『日本語学』20-4 明治書院

井出祥子(2006)『わきまえの語用論』大修館書店

尾崎喜光(1999)「対人的心理距離の東西差―関西の高校生の言語使用に見る―」『日本語学』18-13(11月臨時増刊号「地域方言と社会方言」)

尾上圭介(1999)『大阪ことば学』創元社(再版(2004)講談社)

陣内正敬(編)(2003)『コミュニケーションの地域性と関西方言の広がりに関する広域的研究』研費報告書 No.1～No.3 関西学院大学

陣内正敬・友定賢治(編)(2006)『関西方言の広がりとコミュニケーションの行方』和泉書院

陣内正敬(2007)「若者の方言使用」『方言シリーズ3 方言の機能』岩波書店

陣内正敬(2008)「「敬語の指針」についての補足・解説」『日本語学』25-1、明治書院

滝浦真人(2008)『ポライトネス入門』研究社

文化庁(2000)『現代社会における敬意表現』第22期国語審議会答申

文化庁(2007)『敬語の指針』文化審議会答申

Brown, R. & Gilman, A. 1960 "The Pronouns of Power and Solidarity" in T. Sebeok (ed.) *Style in Language*. MIT Press.

Brown, P. & Levinson, S. C. 1987 *Politeness: Some universals in language usage*. Cambridge University Press.

Hall, E. 1976 *Beyond Culture*. Garden City NY: Doubleday Anchor Books. (ホール, エドワード・T. 岩田慶治・谷 泰訳(1979)『文化を越えて』TBSブリタニカ)

Scollon, R. & Scollon, S. W. 1981 *Narrative, Literacy and Face in Interethnic Communication*. Norwood, NJ: Ablex.

Tannen, D. 1984 *Conversational Style*. Oxford University Press.

【言語行動】

働きかけ方の地域差

篠崎晃一

1. はじめに

　特定の言語行動場面で、相手への配慮の表し方を探る観点のひとつに、どのような場面的状況で、どのような相手に対して、どのような言語形式を選択するのかという点に着目することがある。たとえば、「ペンを借りる」という依頼場面の場合、「ペン貸して／貸してくれない／貸してくれる／貸してもらえる／借りていい／貸してもらえますか／貸していただけますか／貸していただけないでしょうか」などの形式の使い分けを待遇の観点から分析したり、「貸してくれる／貸してくれない」「貸していただけますか／貸していただけませんか」など、肯定形式と否定形式の対立に着目した検討は、これまでにも多くの研究の蓄積がある。いわば、言語行動の根幹を担う部分に着目されてきたといえる。

　いっぽうで、「ペン貸してもらえますか」という同じ表現を用いるにしても、「申し訳ありませんが、ペン貸してもらえますか」、「筆入れを忘れてしまったので、申し訳ありませんが、ペン貸してもらえますか」など、恐縮の気持ちを添えたり、当該の依頼に至った理由を述べるなど、いくつかの要素を組み合わせて、相手に応じて配慮の表し方を切り替える場合もある。しかし、このように、どのような機能を担った要素をどう組み合わせていくかといった視点で言語行動の実態を捉える研究は最近になって注目され始めたといっても良いだろう。

また、実際の場面では、親しい間柄であれば、目配せしたり、手振りで合図をするという非言語的な手段だけで当該の行動を完結することも可能である。

以上のように、相手への配慮の仕方には、当該行動の根幹以外の部分にも着目する必要がある。

本稿では、行動の仕方や方策の選択、組み立ての順序といった形での配慮の具体的な現れ方を「働きかけ方」と呼び、話し手の配慮の在りようのバラエティを地域差の観点から探る視点と方法について考えてみたい。

2. 地域差の発見

2.1. 機能の現れ方

熊谷・篠崎(2006)では、言語行動を捉える枠組みとして、6つの「コミュニケーション機能」を設定し、それぞれの下位分類として、場面に応じた「機能的要素」を設ける2段階構造のモデルを提案した。図1は、「買い物の場面で店員からの釣り銭が不足しており、確認を求める」という「釣銭確認」場面におけるコミュニケーション機能の出現状況を、仙台、東京、京都、熊本の4地点で比較したものである。地域差が見られる4つのコミュニケーション機能の詳細は次のとおりである(《 》はコミュニケーション機能、〈 〉は機能的要素を示す)。

《きりだし》
　〈注目喚起〉スミマセンネ／ネーネー、〈当惑の表明〉アラ／ントー
《状況説明》
　〈買物の経緯〉サッキ　買物シタンデスケド、〈買物の金額〉ワタシワ〇〇円ダシタノデ、〈計算違い〉コレ　アッテマスカ？、〈釣銭不足〉オツリガ　タリナインデスガ
《効果的補強》
　〈確証の付加〉何度モ　タシカメマシタガ、〈レシート提示〉レシー

ト　コレナンデスケドー
《対人配慮》
〈恐縮の表明〉スミマセンケド、〈主張の和らげ〉ワタシノ　計算チガイナノカドーナノカ

図1を見ると、店員の過ちが明確な場面設定であるため、《効果的補強》の出現率は全体的に低い。ただし、その中でも京都の割合はやや高く、正当な釣銭を要求するという比較的行為の遂行が容易な場面にもかかわらず、《効果的補強》によって確実性を担保するという点に京都の地域特性が現れている。また、仙台では《状況説明》が他地域に比べてやや多く、《きりだし》がやや少ないことから、両者のコミュニケーション機能の間で何らかの機能の分担が行われていると思われる。

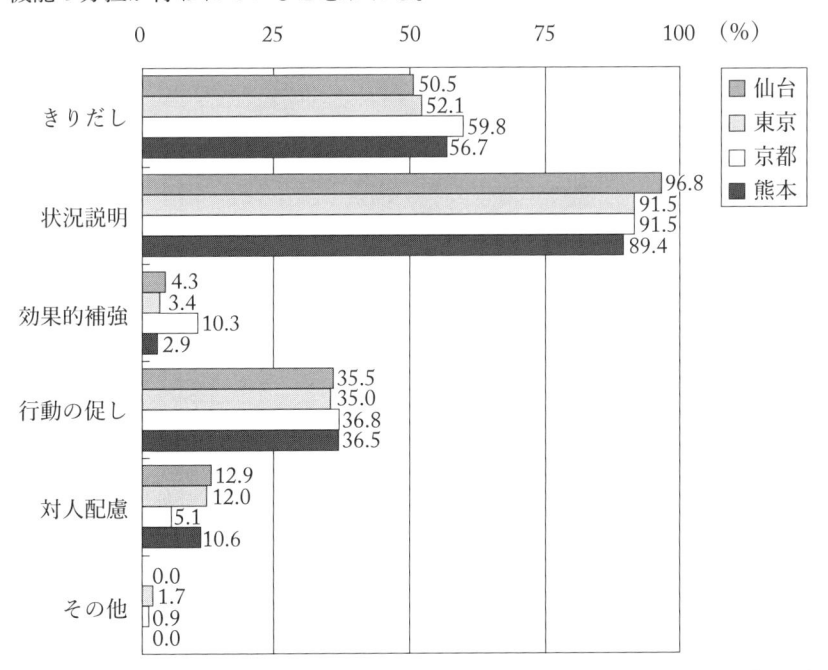

	仙台	東京	京都	熊本
きりだし	50.5	52.1	59.8	56.7
状況説明	96.8	91.5	91.5	89.4
効果的補強	4.3	3.4	10.3	2.9
行動の促し	35.5	35.0	36.8	36.5
対人配慮	12.9	12.0	5.1	10.6
その他	0.0	1.7	0.9	0.0

図1　「釣銭確認」におけるコミュニケーション機能の出現状況（熊谷・篠崎（2006）より）

110　言語行動

　図2は、篠崎・小林(1997)で、「買物が済んで店を出るとき、客が店の人に何と声を掛けるか」を調べた結果である。一般的なお礼の機能を担う形式であるアリガトー類(アリガトー、アリガトサン、オーキニ、ダンダンなど)が西日本の特徴として現れ、東日本で見られる汎用的な簡略形式のドーモ類とほぼ東西対立型の分布を示している点は興味深い。

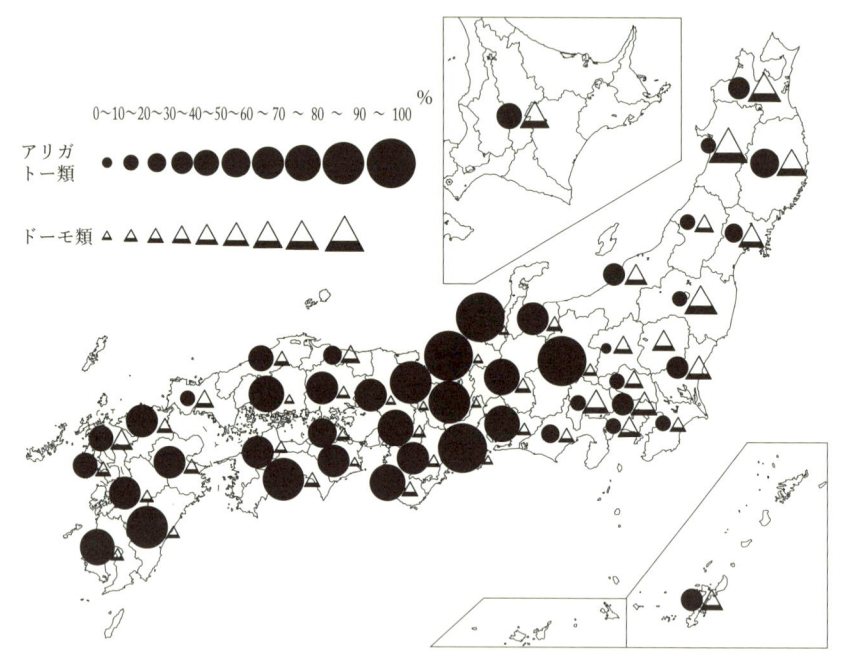

図2　店を出るときの挨拶(篠崎・小林(1997)より)

　また、外出する家人を送り出すときに、関東では「いってらっしゃい」という声掛けが多いのに対し、関西ではその後に「気をつけて」「はよ帰りや」など安否の気遣いや帰宅への気遣いを表す表現を添えることが多い(篠崎(2002))。
　このように、さまざまな場面でどのような機能を組み込んで働きかけを行っていくかという点で地域差が存在する可能性は高い。

2.2. 機能の組み立て順序

　言語の運用的な側面を、機能の組み合わせや組み立ての順序に着目して捉えることは、ある程度長い単位を扱うことにもなる。そのため、かなり多くの異なったパターンの出現が予想され、当該地域の特徴的な傾向を把握するためには量的調査が必要となる。

　篠崎・小林(1997)では、「少額の買物にもかかわらず、会計の際に１万円札を出す場合に、どのような表現を添えるか」を調査し、次の４つの機能に着目している。

　　　［謝罪］スイマセン、ゴメンナサイ、ワルイネ、モーシワケナイ、…
　　　［理由］コマカイノガナイノデ、コゼニガナクテ、オーキインデスケド、…
　　　［依頼］イチマンエンサツデオネガイシマス、コレデオネガイシマス、…
　　　［確認］イチマンエンサツデモイーカ、コレデイーカ、カマワナイカ、…

　出現率の高かった［謝罪］と［理由］に着目し、［謝罪］+［理由］型(スイマセンコゼニガナクテの類)と、［理由］+［謝罪］型(コマカイノガナクテモーシワケナイの類)という組み立て順序を逆にしたパターンの出現率をそれぞれ東北、関東、近畿、九州のブロック別に示したのが、図3、図4である。［謝罪］+［理由］型は、九州での出現率がやや低いものの、4ブロック間で大きな差は見られない。ところが、［理由］+［謝罪］型については、関東での出現率が増加し、九州での出現率が減少している。東北、近畿では働きかけ方に、組み立て順序があまり関与していないのに対し、関東、九州では組み立て順序が配慮の表し方に影響を与えていることを示唆している。

112　言語行動

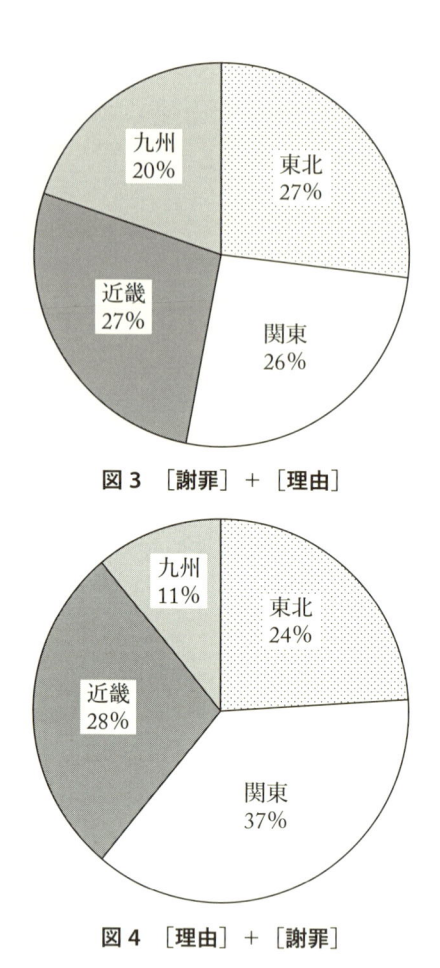

図3　［謝罪］＋［理由］

九州 20%
東北 27%
関東 26%
近畿 27%

図4　［理由］＋［謝罪］

九州 11%
東北 24%
関東 37%
近畿 28%

　2009年夏に、若年層を対象に関東圏(123人)と関西圏(132人)で行った調査では、「待ち合わせに遅れて謝罪したいときに、「ごめん、電車が遅れていて遅刻しちゃった。」と「電車が遅れていて遅刻しちゃった、ごめん。」とでは、どちらのほうがより意図が伝わると思うか。」との意識を尋ねたが、「a.「ごめん」というお詫びのことばを先に述べるほうが、意図が伝わる。」「b.「電車が遅れていて、」と先に状況を説明したほうが、意図が伝わる。」「c.　どちらも同じである。」の回答率は以下のとおりであった。

	a	b	c
関東	85.4%	3.3%	8.9%
関西	72.7%	12.9%	10.6%

　この結果では、関東と関西で組み立て順序の捉え方にいくらか違いが見られる。

　いずれにしても、機能の組み立て順序が働きかけ方に意味をもつか否かは、場面の状況ごとに地域による必要性の捉え方が異なっていると考えられる。

2.3.　行動の有無

　香川県での出会いの挨拶表現として、共通語の軽い声掛け「なにやってんの」に対応する「なにができよん」「なにがでっきょん」という形式が使われることはよく知られている。香川県出身者によれば、親しい知人と道で出会ったときに、どこへ行くのか、誰と行くのか、何しにいくのかなどプライベートな状況を根掘り葉掘り尋ねることが心理的距離の近さだという。実際に調べてみると、確かにそうした行動を取ると回答した割合は東京に比べて高い。尋ねられる側の意識調査でも、香川県出身者の回答では、「何も聞いてくれないと寂しい」「無視された気がする」「親しくない感じがする」など、そのような質問行動を取ることに肯定的な意見が多く見られた。

　待遇表現の調査で、待遇度の異なる形式を調べるために、いくつかの対人場面を設定して質問することがしばしばある。たとえば、疑問の表現法を調査する場合には、出会い場面での、相手に応じた「どこへ行くのか」にあたる表現法を尋ねることになる。しかし、道で出会ったときに、相手に応じてそのような質問行動を取るか取らないかという視点も重要になってくる。どのような相手に対しても、出会い場面では「どこへ行くか」を尋ねることが定型的な挨拶として定着している地域もあるかもしれないし、相手との上下や親疎の関係によっては、そうした質問行動は取らないことが礼儀だと意識している地域もあるだろう。

2.2. で機能の組み立て順序について触れた篠崎・小林(1997)の場面において、行動の有無に着目すると、図5のように、九州では他の働きかけ方に比べて「1万円札を出す際に何もことばを添えない」割合が極めて高くなっている。

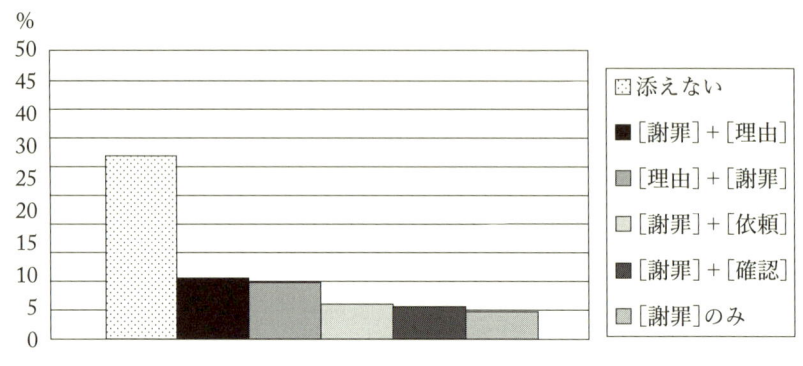

図5　[九州]の働きかけ方

いずれにしても、ある場面において特定の行動を取るか取らないかということは、地域に根ざした習慣、慣習などが大きく関わっている可能性が高い。その地域では普通に通用している働きかけ方のパターンが、他地域の出身者にとっては違和感を感じさせ、コミュニケーション上のギャップを生じることも否めないのである。

3. 調査の方法

　言語行動場面における働きかけ方を調査する方法としては、各場面での第三者同士の行動を観察したり、調査者自身が質問者となり相手の応答の仕方を観察するなど、実際の行動を観察する方式とアンケート調査票による方式とが考えられる。

　ここでは、2004年秋に試行したアンケート調査の一部を紹介する。調査にあたっては、次に挙げるA～Iの分析のための仮の枠組みをあらかじめ設定しておき、それらを選択肢として提示する方法を採った。具体的には場

面ごとに

　　回答 a　あなたの回答を自由に書いて下さい。グループの切れ目には「／」を入れてください。
　　回答 b　あなたの回答を、次の A グループから I グループに当てはめるとどのようになりますか。同じ記号を何回使ってもかまいません。どのグループかわからない場合は×を書いて下さい。

の 2 種類の回答を求めた。
　提示したグループは次のとおりである。

　　A グループ：独り言を言って相手から助けてくれるよう仕向ける
　　　（例）・あれ、○○がないなあ
　　　　　　・○○はどこだ？
　　　　　　・(財布を探しながら)財布、財布　　　　　　　　　　　など
　　B グループ：相手に呼びかける
　　　（例）・あのー
　　　　　　・なあ
　　　　　　・ちょっと
　　　　　　・すいませんが
　　　　　　・名前を呼ぶ　　　　　　　　　　　　　　　　　　　　など
　　C グループ：相手に対して恐縮する気持ちを表す
　　　（例）・悪いけど
　　　　　　・ごめん
　　　　　　・申し訳ないけど／ありませんが　　　　　　　　　　　など
　　D グループ：相手の助けが必要な状況を説明する
　　　（例）・○○を忘れちゃったんだけど／忘れてしまったんですが　など
　　E グループ：相手に貸して欲しいと直接伝える
　　　（例）・○○を貸して／貸してください／貸して欲しいんだけど　など

Fグループ：借りることについて相手の許可を求める
 　（例）・○○を借りるよ／借りていいですか
 　　　　・○○を貸してくれる？／貸していただけませんか
 　　　　・○○いい？　　　　　　　　　　　　　　　　　　　　など
Gグループ：相手が持っている事を確認する
 　（例）・○○持ってる？／持ってます？／お持ちですか？
 　　　　・○○ある？／ありますか？　　　　　　　　　　　　　など
Hグループ：相手に借りたものを返す約束をする
 　（例）・終わったら返すから
 　　　　・すぐ返すから　　　　　　　　　　　　　　　　　　　など
Iグループ：相手に借りたいものを告げる
 　（例）・ペン！
 　　　　・100円！
 　　　　・書くもん！　　　　　　　　　　　　　　　　　　　　など

　表1、表2は、「授業中、隣の席に座っている親しい友人にペンを借りる」場面における結果を示したものである。関東圏ではBCFという働きかけ方のパターンがもっとも多く、関西圏ではBEのパターンがもっとも多いが、いずれも全体の10%程度にとどまっている（調査対象者は関東圏130人、関西圏150人）。その上、いずれかのパターンに集約されるだろうとの予想に反し、異なりの回答パターンも全体の50%を超えるという意外な結果となった。

　このように、働きかけ方には個人差が大きいと捉えるのか、調査方法の問題であるのかは判断が難しい。「自由記述式」の調査法を採用した場合の問題点として、「どうも」「すみません」といった汎用性の高い形式がどの機能の形式として選択されているのか、判定できないケースが生じる。今回の質問方式は、判定の誤りを回避できる点、選択肢を提示することで、当該場面での行動が内省しやすくなる点に重きを置いたが、今後の検討が必要であろう。

働きかけ方の地域差　117

表1　関東の働きかけ方(上位降順)

パターン	回答数(人)
BCF	13
BF	8
BE	6
CF	6
E	6
BCE	5
BDF	5
CDF	4
BBE	3
BBF	3
BCDF	3
BGCF	3
BGF	3
CBE	3
CBF	3
異なり数	62(個)

表2　関西の働きかけ方(上位降順)

パターン	回答数(人)
BE	17
BCF	9
CE	8
BCE	7
BF	5
CF	5
E	5
BDF	4
BBE	3
BCDF	3
CDE	3
異なり数	79(個)

4. 今後の課題

　これまで見てきたように、働きかけ方における機能の出現の仕方や組み立ての順序に地域差が存在することは明らかである。ただし、その捉え方については検討すべき問題が多々ある。

　働きかけ方が具現される場面をどう切り取るかも難しい。たとえば、待ち合わせの時間に遅れて到着した際、相手が視界に入ったとたんに小走りに駆け寄るという行動を取ったならば、それは謝罪行動の一部として何らかの機能を担っている可能性もある。また、挨拶を交わす際に、いきなり「おはよー」「こんにちは」などの挨拶表現を発するのではなく、「あっ、おはよー」「あっ、こんにちは」のような言語行動も観察される。この「あっ」が挨拶行動を開始するマーカー的な機能を担っている可能性もある。

以前に行った調査の中では、働きかけの仕方に対する親疎の条件のかかわり方に地域差が存在する可能性も認められた。働きかけの仕方を決定する要因、たとえば、年齢や立場の上下関係、親疎の度合い、相手にかける負担の軽重についても、それらが働きかけの仕方にどうかかわるのか、地域差の観点から捉えていく必要があるだろう。

文献
熊谷智子・篠崎晃一(2006)「依頼場面での働きかけ方における世代差・地域差」『言語
　　行動における「配慮」の諸相』くろしお出版
篠崎晃一(2002)「言語行動の方言学」『21世紀の方言学』国書刊行会
篠崎晃一(2005)「はたらきかけ方の地域差」『日本方言研究会第80回発表原稿集』
篠崎晃一・小林　隆(1997)「買物における挨拶行動の地域差と世代差」『日本語科学2』

【言語行動】

卑罵表現の地域差

西尾純二

1. 卑罵表現研究の対象

　卑罵表現に関連する研究は数多い（星野（1978、1989）、荒木（1994）など）。しかし、卑罵表現の地域差は、これまでほとんど注目されてこなかった。その理由として、卑罵表現の地域差を明らかにすることの意義が問われてこなかったことが挙げられる。卑罵表現とはどのような言語表現なのか。また、その地域差を何のために明らかにするのか。この2点を整理することが研究の出発点になるであろう。

　まず、卑罵表現とはどのような言語表現であるかについて、本稿での規定を示しておきたい。「卑罵表現」という用語に、これまで厳密な定義が与えられたことはない。そこで、この用語を構成する「卑罵」と「表現」について、本稿での捉え方を述べる。

　卑罵表現の「卑罵」とは、人間の行動の一形態である。この行動形態に関連して、西尾（2007）では「罵る」という行為が基本的には次のAとBのような性質を有するとしている。

　　A　激しい感情の高ぶりが表現されている。
　　B　話し手は、事態への強いマイナス評価を表明している。

　本稿では「卑罵」という行為についても、これらAとBの性質を兼ね備

えたものと考える。ただし、これらAとBが、実際にどのような形の行動として実現するのか。また、どのような言語（非言語）事象にAとBの性質が含まれていると判断するのか。これらには個人差がある。

　いっぽう、「表現」という用語のもとに研究される言語事象は、言語学的な単位として必ずしも統一されたものではない。たとえば、可能「表現」には、～レル、～ラレルという助動詞レベルの形式のほかに、ヨー～スル（関西）という連語や、～スルニイイ（南九州など）、～スルコトガデキル（共通語）など、複数の形態素から成るものがある。さらに、次のような場合にも「可能」は表現される。

（1）「今日、市役所に行ける？」
（2）「午前中でしたら大丈夫です」

　上の会話の(2)の発話は、行動の可否を問う(1)のyes/no疑問文に対する応答であり、(2)の発話は市役所に行くことが「可能か不可能か」を述べた内容であることが期待される。したがって、(2)は可能の助動詞などが用いられなくても「可能」であることが含意されている。このように、可能の意味を表現することは様々な言語的手段によって行われる。

　これと同じように、相手を卑罵する「表現」にも数多くの手段が存在する。アホ、バカやボケ、マヌケなどの語彙形式だけでなく、～ヤガルや～クサルといった助動詞や、接頭辞としての「クソ（教師）」「ウスラ（トンカチ）」、接尾辞の「（あいつ）メ」などの文法形式がある。これらは、対象へのマイナス評価を示すこと以外に、ほとんど意味をもたない文法形式である。これらの語彙や文法形式のように、もっぱら対象への強いマイナス評価を示す働きをもつ言語記号を、本稿では卑罵表現のなかでも「卑罵語」と呼ぶ。卑罵語は言語記号であり、その音形と話し手の強いマイナス評価との結びつきが、言語社会の成員に共有されている。このような言語記号性をもつことは、卑罵語の地域差がどのような観点で研究されるかということと関係する（2.1.節参照）。

もちろん、卑罵語の使用だけが「卑罵」という行動形態の全てではない。たとえば、仕事が遅い相手に対して、次のような卑罵が可能である。

（３）「早くしろ！」
（４）「なんでそんなに遅いの!?」

　（３）のように動詞の命令形を用いたり、（４）のように問い詰めの表現を用いたりすることでも相手を「卑罵」できる。しかし、これらの表現は卑罵語と異なり、強いマイナス評価を表現することを基本義とするものではない。たとえば、「右に寄れ！」という動詞の命令形を用いた表現は、道路標識にも使用される。道路標識の「右に寄れ！」は、マイナス評価を表明する表現ではなく、対人配慮性よりも情報伝達効果を重要視した表現である。
　つまり、卑罵語の場合とは異なり、（３）のような動詞の命令形を用いた表現は、強いマイナス評価を表明するために存在する表現ではない。強いマイナス評価を表明するために使用されたときに、その行動の中で動詞の命令形は卑罵表現と認められるのである。このような「卑罵を行うために用いられた様々な言語表現」を、卑罵語を含めてここでは卑罵表現と呼ぶことにする。

2. 卑罵表現の地域差研究の意義

2.1. 卑罵語の地域差研究

　前節のように卑罵語と卑罵表現とを区別すれば、卑罵語の地域差研究は、言語記号の地域差研究の一分野であるということになる。卑罵語は言語社会のなかで、成員に共有されている言語記号である。そのために、卑罵語の意味解釈に個人差が生じることは少ない。よって、同じ意味をもつ卑罵語の地域的変異を言語地図上にプロットするという作業が容易であり、音声や語彙、文法現象と同様に、言語地理学的な観点からの考察が可能である。
　この観点からの代表的な研究は、松本（1993）である。同書は、テレビ番

組の企画で著者らが行った卑罵語調査のドキュメンタリーである。その調査規模の大きさ、語誌検証の詳細さは、卑罵語研究として類を見ないものである。その松本(1993)で、卑罵語の地域差を論じるときに問題にされたのは、主に次のような点である。

（5）　各卑罵語の語源
（6）　卑罵語生成の発想法
（7）　卑罵語の地理的分布の方言周圏論的性格
（8）　各卑罵語の日本語内での成立順序

　これらのトピックについて、文献調査や言語地理学の手法を用いた議論がなされている。このうち、(5)(6)のトピックについて、松本(1993)では、日本語の卑罵語を生み出す発想法の特徴について、具体例を挙げながら次のように述べている。
　山口県や中部地方に見られる「ボケ(惚け)」、徳島県吉野川流域に分布する「ホレ(惚け)」、さらに千数百年前の日本語が存在する琉球方言の「フリムン(惚け者)」は、いずれもその時代の「ぼんやりもの」という意味のことばを転用したものである。また、中身が空っぽであることを意味する「本地なし」や「虚仮」、「田蔵田」や「鯢鰌(山椒魚のこと)」といった間抜けな動物を語源に持つ卑罵語などを網羅的に見渡した上で、日本人は罵倒するときでさえ比喩を愛し、穏やかな物言いを好んできたと指摘した。そして、これらの言葉を生み出した京都では、「痴」「愚」「無知」などをストレートに表わすような言葉、あるいは差別的な言葉は最初から排除されたというのである。
　この見解は、日本人の卑罵行動自体が穏やかであることを直接論じているものではない。松本は、卑罵語という言語記号を生み出す「発想」の傾向を、卑罵語のバラエティの中に見出し、日本人論を展開しているのである。このような議論は、日本語と他言語の卑罵語とを相対化させることで、より精度を高めていくことができるであろう。

(7)(8)のような言語地理学的な考察は、卑罵語が言語記号として扱えるからこそ可能なものである。卑罵語の地域差研究は、他の音声・語彙・文法形式と同様に、語史推定や言語地理学のケーススタディになりうる。いっぽう、卑罵語以外の卑罵表現の場合、言語としての記号性が弱く、(7)(8)のような言語地理学的なアプローチは、未だ成熟した方法論が確立していない。

　このほか、卑罵語はその文法的な振る舞いにも地域差がある。たとえば、「タワケ」という卑罵語は「私ってタワケね」などのように、1人称を主語にして用いることができないという（松本(1993)）。いっぽう、関西方言の「行きヨル」「見ヨル」などの助動詞ヨルは、1人称だけでなく2人称を主語とする述語の中でも用いることができない。このような人称制限のほか、品詞性、体系性を明らかにすることによって、卑罵語の言語地理学的、社会言語学的な分析を行うための基礎的な知見を得ることができる[1]。第3節では、こういった観点からのケーススタディを示したい。

2.2. 卑罵表現の地域差研究

　卑罵語以外の言語としての記号性が弱い卑罵表現の場合、その地域差は「卑罵という行動のなかで、どのような表現を使用するか」の地域差である。しかし、1節で述べたように、AとBで示した「激しい感情の高ぶり」「強いマイナス評価」が、どのような言語表現に現れるのかということには個人差があり、感覚的である。つまり、言語として卑罵を表現するための記号性が弱い。(3)(4)のような命令形の使用や、問い詰めの表現は、「卑罵というほどの表現ではない」と感じる人もいるだろう。

　とはいえ、どのような言語表現が「卑罵」になるかということについて、ある程度は地域社会での共通認識が形成されていなければ、コミュニケーション上の重大な障害が生じてしまう。したがって、卑罵表現として働く言語表現に対する認識については、その在り方として次の2つの可能性が考えられる。

① 言語社会のなかで一定の共通認識がある。
② 共通認識が形成されにくいため、言語社会内部でコミュニケーション上の障害が頻繁に生じている。

両方の可能性をふまえつつ、卑罵表現の地域差を明らかにすることで、地域人による対人的な言語生活の多様性が把握されるであろう。

ところで、卑罵表現の待遇表現行動上の性質は、図1のなかに位置づけられる。対人関係に対する配慮をまったく行わなければ、強いマイナス評価で事態把握をするほど強いマイナス評価表明機能をもつ表現形式が使用される（a線）。しかし実際は、対人関係を維持するための配慮が働き（領域c）、強いマイナス評価の待遇価をもつ表現形式を使用することは制限される（b線）。その中で、図の右端は、話し手による事態に付与するマイナス評価が非常に高く、相手への配慮も働かず（あるいは意図的に行わず）、感情的なマイナスの評価表出が優先される状況である。このような状況で行われるのが卑罵の言語行動である。

x軸：話し手が事態に与えるマイナス評価の強さ
y軸：表現形式のマイナス評価表明機能の強さ
a線：事態把握どおりのマイナス評価の表明
b線：対人関係維持のための規制を受けたマイナス評価の表明
領域c：マイナス評価表明の配慮（＝a−b）

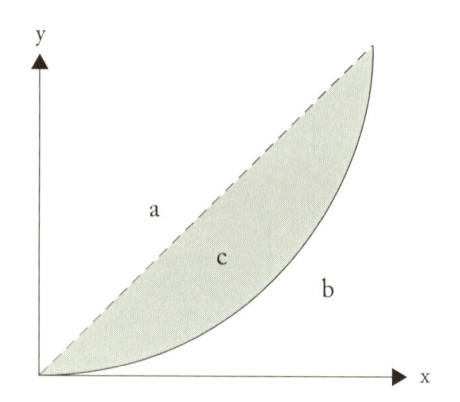

図1　事態へのマイナス評価付与と評価表明の関係（西尾 2007 に加筆）

ただし、図1に示したように、マイナス評価表明の言語行動(以下、マイナス待遇表現行動)のほとんどは、対人的な配慮を伴って実現される。事態をマイナスに評価した際、マイナス評価を表明する方策と対人的な配慮がいかになされるか。その地域性を見ることは、ことばによる対人関係の構築の地域性を描き出すものとなるだろう。

このテーマについては、4節で筆者が実施した意識調査の結果を紹介しつつ事例を示し、5節で考察の際の方法論的な留意点について述べたい。

3. 言語記号としての卑罵語の地域差

3.1. 卑罵語の品詞性の地域差

関西方言には、いくつかの卑罵語が存在する。関西全域で用いられる「アホ」と「ボケ」と兵庫播州で用いられる「ダボ」との間には、品詞性の違いが存在する。

表1 「アホ」「ボケ」「ダボ」の品詞性(アホ、ボケ N = 19／ダボ N = 16)

質問文	アホ	ボケ	ダボ
① あの(　)がまたやらかしよった。(主語)	2.68	2.11	1.81
② あの(　)をなんとかせなあかん。(補語)	2.63	1.74	1.38
③ (　)なヤツやなあ。(連体修飾)	2.79	0.79	1.00
④ アホか。(　)！(一語文)	—	2.42	1.26
⑤ あの(　)が！　またやらかしよった。(未展開文)	—	2.26	2.25

数値スケール　3：あり得る(許容できる)　〜0：あり得ない(許容できない)
「—」は調査していないことを示す。

表1は質問文の(　)内に、アホ、ボケ、ダボのそれぞれの卑罵語を挿入した場合、「方言の話しことばとしてあり得るか」を4段階評価で尋ね、文としての許容度を確認した結果である[2]。

①のように格助詞ガを伴う場合、アホは言える(2.68)が、ボケやダボでは文としての許容度がやや落ちる(ボケ 2.11、ダボ 1.81)。②のような格助詞

ヲを伴う場合は、この傾向がさらに強くなる（アホ 2.63、ボケ 1.74、ダボ 1.38）。格助詞を伴って、主語や補語になれることは、名詞的な性質を示すものであるが、ボケやダボにはその性質が弱い。また、③のようにナを伴って連体修飾することは、形容動詞的な性質を示すものであるが、この場合はボケとダボの許容度はさらに低くなる（アホ 2.79、ボケ 0.79、ダボ 1.00）。④と⑤は、一語文や未展開文のなかでの使用を検証したものであるが、④ではボケ(2.42)、⑤ではボケ、ダボの両方が許容される傾向にある（ボケ 2.26、ダボ 2.25）。

つまり、アホと異なり、ボケとダボは、主語や補語、修飾成分になりにくく、一語文を作ることができるという点で、「ええっ！」「うわっ！」などの感動詞としての性格を帯びているということになる。

いっぽう、表1からアホは、名詞性や形容動詞性が強いことが分かる。バカもアホとほぼ同じ品詞性をもっている。アホやバカが親愛的な態度を示す修辞的な用法をもつのに対して、ボケやダボにそういった用法が見られにくいのは、感動詞が主体の感情を直接に表現し修辞的に使用されにくいことと関係しているであろう。

④でボケが許容され、ダボが許容されにくい(1.26)のは、「【卑罵語A】か。【卑罵語B】！」といった文連鎖がボケでは慣習化しているが、播州方言のダボでは慣習化していないことによるものであろう。卑罵語には、このようにフレーズとして慣用化しているか否かといった面での地域差も存在しているようである。

このような名詞、形容動詞的な卑罵語と、感動詞的な卑罵語はどの方言にも存在しているのであろうか。卑罵語の品詞性の地域差は、ほとんど明らかになっていない。

3.2. 関西方言の卑語形式「ヨル」──待遇表現体系の地域性──

プラス方向の待遇性をもつ敬語助動詞と、マイナス方向の待遇性をもつ卑罵語助動詞は、待遇表現形式として同列に扱われながらも、異なる待遇性をもっている。

日本語の敬語助動詞は、対象への敬意という心情的ファクターよりも、対象と話し手との対人関係を直示している。学生は軽蔑する教師に対しても敬語を使用するし、店員が客に対して敬語を使用するのは、必ずしも客に対して敬意を払っているからではない。敬意という心情よりも、対人関係の在り方を敬語助動詞は表示しているのである。いっぽう、卑罵語の助動詞ヤガルやクサルは、たとえ相手が教師や客であっても、怒りが極まれば使用される言語形式である。
　敬語助動詞は対人関係を表示するために使用されるのに対して、卑罵語は対人関係の表示に優先させて話し手の心情を表現するために使用される。この点において日本語の待遇表現体系はアンバランスである。
　しかし、関西方言のマイナスの待遇性をもつ助動詞ヨルは、共通語や他方言とは異なる点がある。まず、関西方言の待遇表現形式「ヨル」は、事態や動作主へのマイナス評価を表現するが、その「マイナス評価」というのは、前掲の図1の右端に位置するような強いものではない。よって、冒頭に示した卑罵表現の条件にヨルは当てはまらず、筆者は関西方言のヨルを卑語形式と呼んでいる（西尾（2005））。このような「弱い」マイナス評価を表示する助動詞の待遇表現形式は、未だ関西方言以外の報告を見ない。
　このヨルの使用法は図2のようなものである。図2では、横軸の人物などを話題したときに、「○○［人物］は（図書館など）に行ったよ」「犬が公園のほうに行ったよ」「ゴキブリがあっちに行ったよ」の「行った」部分を「イキヨッタという」とした回答の出現率が示されている。各棒グラフの高さは、「イキヨッタを言う」とした回答の出現率で、棒グラフの内訳は、設定した話題の人物などに、感情的なマイナス評価をもっている人ともっていない人との割合を示している。
　弟妹、後輩、犬といった対象には、ヨルを用いた回答は60％以上の出現率を見せる。そしてこの場合、対象への悪い印象という心情的ファクターは、ヨルを回答する動機にはあまりなっていない。いっぽう、ゴキブリへのヨルの回答出現率は70％を超えるが、67.1％の回答者はゴキブリに対して悪い印象を抱いている。また、先輩や先生といった目上の人物にも、わずか

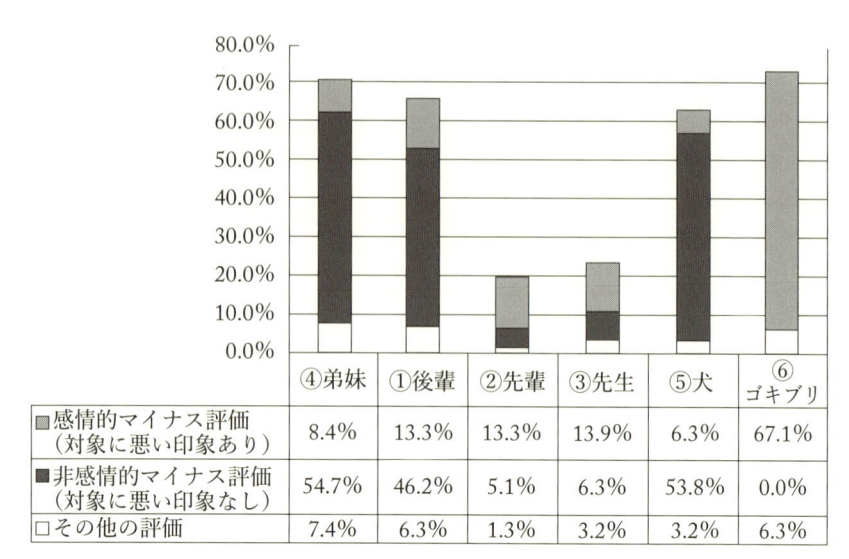

	④弟妹	①後輩	②先輩	③先生	⑤犬	⑥ゴキブリ
■感情的マイナス評価（対象に悪い印象あり）	8.4%	13.3%	13.3%	13.9%	6.3%	67.1%
■非感情的マイナス評価（対象に悪い印象なし）	54.7%	46.2%	5.1%	6.3%	53.8%	0.0%
□その他の評価	7.4%	6.3%	1.3%	3.2%	3.2%	6.3%

図 2　ヨルによるマイナス評価の表明（西尾 2005 より）
（横軸の丸数字は質問の順番）

にヨルを使用すると回答されるが、この場合も回答者はその先輩や先生に悪い印象をもっている場合が半数以上で、対人関係に優先して感情性が前面に出た場合にヨルは回答されている。

　以上から、ヨルというマイナス待遇表現形式は、対人関係上のマイナス、すなわち「目下」であることと、感情的なマイナス方向の待遇性を表示する機能の両方をもち合わせていることが分かる。このような感情性を表示する性質は、プラス方向の待遇表現であるハル敬語にも認められる（中井(2002)）。関西方言の待遇表現体系は、全体的に関係性表示の機能と感情性表示の機能とが、言語形式によって明確に区別されていないのである。このような待遇表現体系の特徴もまた、関西方言以外では発見されていない。

　待遇表現の研究は、これまで敬語の分析に重点が置かれてきた。これに、マイナス方向の待遇表現形式の表現性の分析を加えることで、各方言の待遇表現体系全体の性格を明らかにすることができる。

4. マイナス評価を表明する方法の地域差

次に、卑罵語以外の卑罵表現や、マイナス評価を表明する表現行動の地域差について述べたい。西尾（2000、2001）で紹介された調査は、デパートのエスカレータの上り口で、前にいた友人・知人が急に立ち止まったため、自分が後ろから来た人にぶつかられたという場面を設定し、そのあとで友人・知人にどのような発話・行動を行うかを質問紙法で尋ねたものである。そして、この場面で表現されるマイナス評価の強さに応じて、どのような言語表現が発話で使用されるかの地域差が分析されている。

まずは、この場面で表明されているマイナス評価の強さを回答してもらった結果を、表2に示した。回答者は、中学高校生期に外住歴がない大学生である。なお、評点の数値が高いほど、この場面で強いマイナス評価を表明すると回答者は意識していることを示している。ただし評点4と5は回答数が少ないため、まとめて集計した。

表2　設定場面での発話におけるマイナス評価表明の表明態度
（親しい友人が相手の場合：評点無回答を除く）

	評点1	評点2	評点3	評点4・5	回答者数（実数）
秋田	16.1%	23.0%	40.2%	20.7%	87
大阪	14.7%	25.3%	41.3%	18.7%	75
鹿児島	15.2%	25.7%	42.9%	16.2%	105

評点1：腹立たしさは表現されていない　〜評点5：強く表現されている

表2から、この場面設定でどの程度のマイナス評価を表明するかという点においては、秋田、大阪、鹿児島の3府県の間でほとんど差がないことが分かる。しかし、命令表現、詰問表現、「邪魔」「迷惑」などのマイナスの評価的語彙の出現率には、3府県のあいだに地域差が見出された。

分析結果としては、「邪魔」「迷惑」といったマイナスの評価的語彙は、3地域ともに場面に与えるマイナス評価を強く表明する回答者ほど、出現率が

高くなった。命令表現や詰問表現でも、大阪、鹿児島ではマイナス評価を強く表明する回答者ほど出現率が高くなる。しかし、秋田では表明されるマイナス評価の強さと、命令表現や詰問表現の出現率との相関が小さいことが分析された(西尾(2000、2001))。

つまり、マイナス評価を表明する態度には地域差がなくても、評価表明の表現法には地域差が認められるのである。「邪魔」「迷惑」といった評価的語彙は、3地域ともにマイナス評価の表明手段として有効に機能しているが、命令表現や詰問表現の場合、秋田ではあまりその機能を果たしていない。

本稿では新たに、(9)〜(15)のような回答発話文の人称性とマイナス評価表明態度との関係を、この調査結果をもとに検証する。

(9) 早くよけないから、(私が)ぶつかったべ。【1人称】
(10) 後ろの人に(私が)怒られちゃったよー。【1人称】
(11) おめぇ、邪魔だって。【2人称】
(12) 周りのこと、よく見れぇ。【2人称】
(13) さっきのはまずいでしょう。【3人称】
(14) 後ろさ人、いっぱいいるべ。【3人称】
(15) (そういう行為は／みんなが)危ないよー。【3人称】

この分析では、発話回答の中に複数の文が回答される場合は、それぞれの文の人称をカウントした。( )内の主語は筆者が回答から推定した主語である。1発話内で複数の文が回答され、それらが同じ人称主語をとった場合、それぞれをカウントせず1件としている。なお、発話文が複文の場合は、主節の主語を推定してカウントした。

(9)(10)のように1人称主語の文では、この場面で発話者が被った被害が述べられることが多い。「びっくりした」などの驚きの感情が表現されることもある。2人称主語の文には命令文や依頼文を含んでいる。他に、相手の行為を非難する発話文が含まれる。3人称主語の文では、主に相手の行為によって引き起こされた好ましくない事態が描写、批判される。これらの文の

卑罵表現の地域差　131

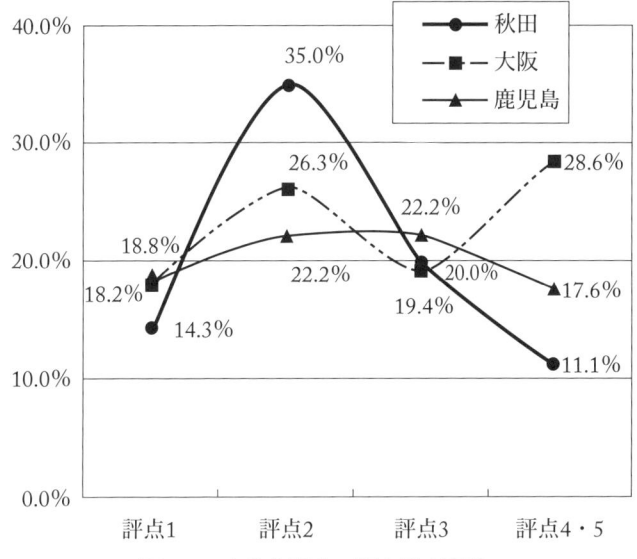

図3　1人称主語文の評点別出現率

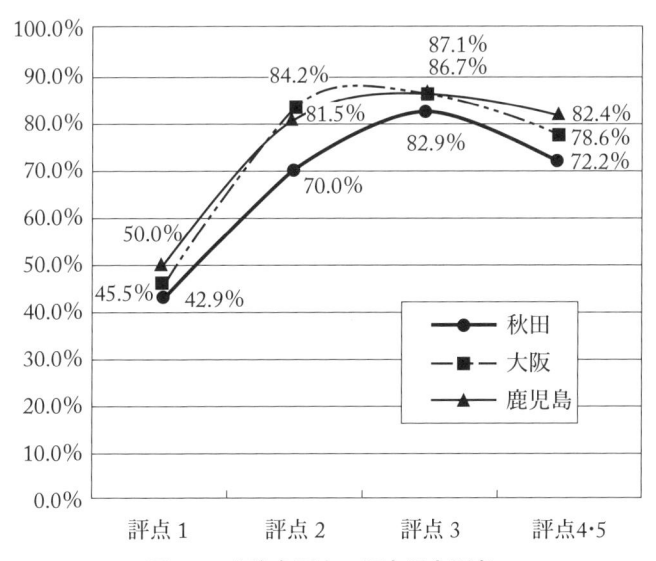

図4　2人称主語文の評点別出現率

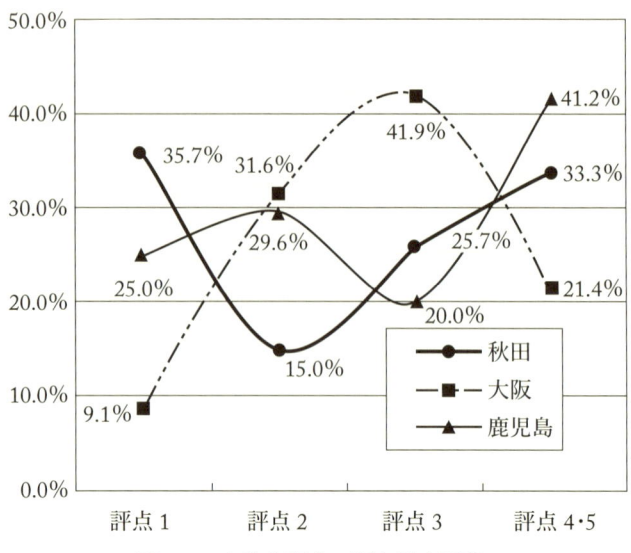

図 5　3人称主語文の評点別出現率

出現状況は、図3〜図5のとおりである。

　図4に示したとおり、2人称を主語とする文は、マイナス評価を表明しない評点1よりも、評点2以上では3地域ともに出現率が高くなる傾向にある。話し相手を主語とした文を発話することが、マイナス評価の表明に関わっていることを示している。これに対して、主に話し手の被害を描写する1人称主語文の出現率は、秋田では評点2程度の弱いマイナス評価を表明するときに多くなる。そして大阪、鹿児島ではマイナス評価を表明する態度との相関がほとんどない。3人称主語文は、大阪が評点3レベルの中程度、鹿児島では評点4、5レベルの強いマイナス評価を表明するときに出現率が高くなる。しかし、秋田では出現率と評点との間に特徴が見えにくい。これに、先に示した西尾（2000、2001）の分析を加味すると、命令・詰問の表現だけでなく、文の人称性においても秋田では強いマイナス評価を表明するために有効に働いている言語事象を見つけにくいということになる。卑罵行動が言語表現に現れにくいのである。

　秋田を含めた東北地方では、異なる種類の言語行動においても、これに類

似する傾向が見られる。西尾(2009)では、家族から醬油指しを取ってもらう場面で、東北地方では相手への感謝の意を表現する手段を言語表現に依存する度合いが、他地域に比べて低いことが指摘された。さらに様々な調査を積み重ねる必要があるが、これらの調査結果は対人的な言語行動を行う際の地域性を示唆している。その地域性は卑罵表現にも現れており、卑罵表現という研究対象が、対人的言語行動の知られざる地域差を探るために有益であることが指摘できるだろう。

5. 場面・評価・表現―卑罵表現研究の方法論―

　前節では、マイナス評価表明の態度の強さと言語表現の選択との関係を、地域差という観点から分析した。卑罵表現の言語行動は、単に「場面」と「言語表現の出現」との関係を捉えるだけでは不十分であり、マイナス待遇表現行動を話し手がどのような「場面評価」と「評価を表明する態度」のもとに使用しているかが問題になる。たとえば、図6は前節と同じ場面設定で、「何も言わない」すなわち「ゼロの言語表現」で対応するという回答の出現率(以下、無言対処率と呼ぶ)である。

　図1で示したように、相手にマイナス評価を表明する際には、同時に対人的な配慮が求められる。したがって、設定場面のように、相手から迷惑を被っているにもかかわらず何も言わないことは、相手への配慮の表れであると考えられる。この考えに基づくと、図6で指導教員と親しくない同年代が相手のとき、無言対処率が高く地域差が大きいことは、一見マイナス評価表明(を抑制する行動)の在り方の地域差を示していると読み取れる。指導教員と親しくない同年代が相手の場合、特に秋田での無言対処率が高い。

　しかし、図6は、「場面」と「無言対処率」の対応関係のみに着目した分析である。この分析を「場面へのマイナス評価評点3以上」「かつマイナス評価表明評点1」の場合の無言対処率に限定すると、「回答者は場面にマイナス評価をしているが、まったくその評価を表明しない」という言語行動の地域差が示されることになる。この場合の無言対処率の地域比較を表3に

示す。

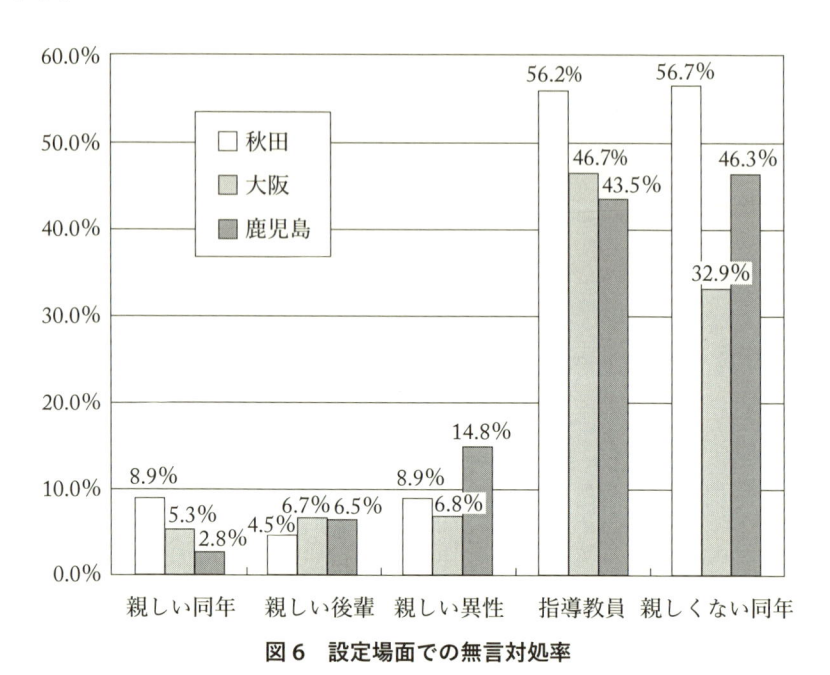

図6　設定場面での無言対処率

表3　場面へのマイナス評価評点3以上でマイナス評価表明評点1の無言対処率

	親しい同年	親しい後輩	親しい異性	指導教員	親しくない同年
秋田　　N：87	2.2%(45)	4.4%(52)	4.4%(45)	26.7%(70)	15.6%(77)
大阪　　N：75	0.0%(44)	1.3%(42)	1.3%(43)	30.3%(58)	9.2%(58)
鹿児島N：105	0.0%(54)	1.9%(69)	6.5%(56)	22.2%(74)	13.0%(84)

Nは回答者総数、(　)内は場面へのマイナス評価3以上の総数

表3からは、図6で見られたような指導教員と親しくない同年の中での無言対処率の地域差はほとんど見られない。つまり、図6は卑罵表現を含むマイナス待遇表現行動の地域差ではなく、前節で解釈された言語行動における秋田での言語表現への依存率の低さを、再度示したデータであると考えられるのである。

このように、卑罵表現を含むマイナス待遇表現行動の地域差を明らかにする場合は、場面と言語表現との関係だけでなく、場面へのマイナス評価とその評価を表明する態度という表現産出のプロセスに注目することが有効である。

6. おわりに

　卑罵表現の研究は研究対象として蔑視されることもあり、研究成果の蓄積が遅れた分野である。しかし、卑罵表現の研究は、卑罵表現そのものの性質を解明するに留まらず、様々な研究分野に有益な知見を与えうる。

　3.1節では、卑罵語の親愛表現的な用法と品詞との関わりについて述べたが、このような議論は、修辞法やポジティブポライトネスのストラテジーと品詞性との関わりを指摘しうるものである。また、3.2節で述べた関西方言の卑語形式ヨルの表現性は、存在表現やアスペクト形式の文法史研究にも関与している（金水（2006）、青木（2008））。

　4節、5節では、卑罵の言語行動の地域差とその研究の方法論について述べた。卑罵表現の地域差は、対人的な言語行動の地域的多様性の一部であることは疑いのないところである。また、卑罵を含むマイナス待遇表現行動を分析する場合、場面評価、評価表出態度に基づく言語表現の産出という表現のプロセスに注目する必要があることを述べた。このように考えると、卑罵を含めたマイナス待遇表現行動の地域差研究は、対人的なコミュニケーションの地域差研究にとって、欠かすことができない分野だといえる。

　卑罵表現という研究対象は、ほかの言語表現と比して特別に優れてもいなければ、劣ってもいない。卑罵表現以外の言語形式が、言語地理学、社会言語学、語史研究の研究対象になるように、卑罵表現もまた、それらの研究の対象となる。したがって、これまで卑罵表現の研究が手薄であったことは、日本語研究、言語研究全体においての損失であった。その分、卑罵表現には、未だ知られざる意義深い地域性が、各方言に埋もれているはずである。

注

1 たとえば、「私ってバカね」を方言訳してもらう調査方法では、タワケは出現しないという予測が立つ。
2 回答者は甲南大学に所属する関西に生まれ育った大学生19名。うち、17名が兵庫県の生え抜きである。

文献

青木博史(2008)「補助動詞「〜オル」の展開」『和漢語文研究』6、101(1)-89(13)
金水　敏(2006)『日本語存在表現の歴史』ひつじ書房
荒木雅實(1994)「悪態表現の意味分類について」『拓殖大学論集　人文・自然科学』2(1)、1-17
中井精一(2002)「西日本言語域における畿内型待遇表現法の特質」『社会言語科学』5(1)、42-55
西尾純二(2000)「大学生における表現行動のバリエーション」変異理論研究会(編)『20世紀フィールド言語学の軌跡—徳川宗賢先生追悼論文集—』143-156
西尾純二(2001)「マイナスの敬意表現の諸相」『日本語学』20(4)、68-77
西尾純二(2005)「大阪府を中心とした関西若年層における卑語形式「ヨル」の表現性—関係性待遇と感情性待遇の観点からの分析—」『社会言語科学』7(2)、50-65
西尾純二(2007)「罵りとその周辺の言語行動」岡本真一郎(編)『ことばのコミュニケーション—対人関係のレトリック—』194-208、ナカニシヤ出版
西尾純二(2009)「再検討・日本語行動の地域性」『言語』38(4)、8-15
星野　命(1989)「マイナス敬語としての軽卑語・罵語・悪口」『日本語教育』69、110-120
星野　命(1978)「現代悪口論—けんかことばの諸相と原理」『言語生活』321、18-32
松本　修(1993)『全国アホ・バカ分布考—はるかなる言葉の旅路—』太田出版

【談話】

談話展開の地域差

久木田　恵

1. はじめに

　談話展開の方法に地域差が認められることは久木田(1990)等で明らかにしてきた。その結果、東京方言では「ダカラ」「ホラ」「ネッ」をキーワードとする「主観直情型」展開、関西方言では接続詞「ソレデ」「ソレカラ」を多用する「客観説明累加型」展開、また北部東北方言では文中に「ホレ(ホロー)」、文末に「〜ダモノ」をつける「理攻め依りすがり型」展開となっていると結論づけた。いずれの場合も説明文を分析したもので、文頭・文末にキーワードを見いだす手法によるものである。説明文を採用したのは、一人の話者が話を展開していく方法が追いやすいためであった。
　その後、齋藤孝滋のグループや、沖裕子、琴鐘愛等がこの研究を発展させてきた。特に沖は祝言の挨拶を通して、感情を吐露する「東の方言」と描写的な「西の方言」という形で談話運用にも地域性があることを指摘した。沖はこれを筆者の指摘した東京方言と関西方言の分析に重なる傾向であるとし、沖のことばによると「ゆるやかな述べ方で東の方言／西の方言といってもよさそうな分布の可能性」(沖(1993b))を示している。
　談話レベルの地域性は細かい地点の差ではなく、大まかな地域の括りである程度の差異が現れると推察される。それは談話の展開・運用がコミュニケーションの根幹を成すものであり、その背景にそれを成り立たせる地域の文化があることに起因すると考えられる。ある程度の共通の文化的背景をも

つ地域ごとの分布となっているのではなかろうか。

　本稿は新たに愛知県の談話資料を取り上げ、説明文による1人の話者の談話展開から受け手の側にも注目し、1つの話題に関わる会話での談話展開を見ることによって、談話展開とコミュニケーションの在り方の関係を解明するものである。

2. 愛知県方言の談話展開の方法

2.1. 尾張方言の場合

　愛知県の中でも西の尾張と東の三河は方言が違うといわれるが、談話展開の方法に関しても差があるのであろうか。資料1は久木田（2003）で紹介したものである。70代女性同士が質問調査終了後の解放感から堰を切ったように話し始めた会話の一部であり、短い中にも名古屋弁の特徴がよくでているものである。2人の会話ではあるが、この部分はAが話の主導権を握っており、Bは相づちを挟む程度で、話の内容はAの説明文といえる。

資料1
A①テンプラ　ヤルトー　（Bウン。）アトノ　シマツガ　メンドクサイダデ。（Bソーソーソーソー。）②デ　カッテクルノ。　③マーズイケドモ。　（Bマーズイ。）④アノー　ナーニー　ヒャッカテンノ　ハ　アソコノ　ユーメーナ　トコデモ　マーッズイケドー　（Bマーズイ。）アソコデ　○○○ッテ　ユ　トキドキ　カッテクルノ。
B⑤ハアッ？
A⑥アノー　アッコノ××××ノー。
B⑦ホー。
A⑧ビー　ビイチカ　ビーニカ　ナンカ　ナンベン　イッテモ　オボワランケド　（Bホーホー。）オクン　トコロニー　（Bフン。）○○○○ッテ　アンタ　ネー。　⑨シンチクノ　テ　テンプラヤ　アルガー。　⑩アスコデ　タマニ　カッテクルノ。

A ①天ぷらをすると(B うん。)後の始末が面倒くさいから。(B そうそうそうそう。)②それで買ってくるの。③不味いけれども。(B まーずい。)④あのー、何、百貨店の、あそこの有名なところでも不味いけれども(B まーずい。)あそこで、○○○○っていう(店に行って)、時々買ってくるの。
B ⑤はあっ？
A ⑥あのー、あそこの××××(百貨店)の。
B ⑦ほう。
A ⑧B、B1階かB2階か何か、何遍行っても覚えられないけれど(B ほうほう。)奥の所に(B ふん。)○○○○って、あなた、ねえ。⑨新築の天ぷら屋があるよね。⑩あそこでたまに買ってくるの。

　Aは②で天ぷらを買ってくることを文末の「〜ノ。」で断定的に説明しているが、その前後には理由を表す助詞「〜デ」(①)や、言い訳の付け足し「マズイケド」(③)が認められる。まず、後始末が面倒であることを挙げ、Bの同意(「そうそう」)を取り付け「買う行為」が本当は不本意ながらもそれを正当化している。特に「マズイケド」は2回も出てきて、不本意であることを強調するとともに、そうせざるを得ない事への一種の同情も求めている。それに対してBは「マズイ」を復唱することで、不味い事への同意を示している。
　資料2は資料1の少し後の部分であるが、Aの説明の中には必ずと言っていいほどに理由が添えられていることが分かる。ここでもBは「エライ」というAの発言の最後部を一言繰り返すことで同意を示す相づちを打っている。

資料2
A ①ソレ　タベレーヘンデー。(中略)②マー　ソヤケド　ヤレセン。　③アトノ　シマツガ　エライ。
B ④エライ。
A ⑤イロム　イロンナ　アンタ　アケテ　マタ　ソレオ　ツカエーヘンデ

ショー。⑥デ ギューニューカップ イレテ ステンナランシ ソレモ イマ ムツカシーダデ。

A ①それ〈天ぷら〉は食べられないから。②まあ、そうだけれど(自分では)やれないよ。③(油の)後の始末が大変だ。
B ④大変だ。
A ⑤いろんな、あなた、(油を)開けてまたそれを使えないでしょう。⑥で、牛乳パックに入れて捨てなければならないし、それも今は(ごみ捨てが)難しいから。

このように理由を添えながらの談話展開がAの個人癖でないことは次の資料3からもうかがえる。資料3は名古屋同様尾張に位置する常滑市矢田方言の「見送り場面」(『愛知のことば』より)の後半である。天気の良くない日に釣りに出かける夫(A)を妻(B)が見送るという設定である。(会話番号は筆者が便宜上付した。)

資料3
B ①アマリ マー フッテコンウチニ ハヨ モドッテオイデナー、ハー。
A ②ウン ダイジョー マ キオ ツケテ イッテクルケド マ コーユー アメソナヨナヒガ ヨー ツレルゲナデ ソヤ マー イッテクルワー。
B ③イワノトコヤ ホボカワ マー コンナヒダデ ヨケ ヨー スベルデ スベランヨーニ。マー スベクリコムト アブナイデ マー キオ ツケテ ハヨ モドッテオイデー。マー。
A ④ダイジョーブ。マ ヨー ナレルトコダデ イッテクルデ ダレカ マタ キタラ ツリニ アソビ イカイタッテ ソーイットイテクレヤ エーデナ。ソヤ マー イッテクルデナー。
B ⑤アー ハヨ オイデー。
A ⑥アーイ。

B ①あまり、まあ、降ってこないうちに早く戻っておいでよ。
A ②(だいじょうぶ)まあ、気をつけて行ってくるけれど、こういう雨の降りそうな日がよく釣れるそうだから、それじゃ、まあ、行ってくるよ。
B ③岩の所や(その)辺りは、まあ、こんな日だからより(多く)よくすべるから、すべらないように。まあ、ひどくすべってしまうと危ないから、まあ、気をつけて早く戻っていらっしゃい。まあ。
A ④だいじょうぶ。まあ、よく慣れている所だから、行ってくるから、誰かまた来たら、釣りに、遊びに行かれたって、そう言っておいてくれればいいからな。まあ、行ってくるからな。
B ⑤ああ、早くおもどり(いってらっしゃい)。
A ⑥はい。

　この短いやりとりの中にも理由の「〜デ」がAに5回(ツレルゲナデ、ナレトルトコダデ、イッテクルデ、エーデ、イッテクルデ)、Bに3回(コンナヒダデ、スベルデ、アブナイデ)現れている。天気は悪いが釣りに行こうとするAと、それを心配するBが、お互いの気持ちを何かと理由づけて相手に伝えようとしている様子がうかがえる。設定された場面ではあるが、反論するような展開には至っていない。この場面の前半にも「〜デ」は数回現れており、他の設定場面中の会話にも頻出している。
　資料4は同じく常滑市の談話である。国立国語研究所作成『全国方言談話データベース』を利用した。1981年に調査された、収録時74歳の女性Aと男性B、79歳の男性Cの会話で、Aが昔の米作りに関して話している。

資料4
22A チャ　アトワ　ヤワラカイ　タオ　ピット　ワラカシテシマッタモンダデ　マー　ソリャ　クチデ　ユーゴトキジャナイ　タイヘンナ　アクルトシワ　コトダッタダケド　(B　ンー)　コメ　トユーノハワ　ソレダデ　アノー　ムカシノ　オーヤサマワ　キタノイケガカリガ　タクサン　アルデ　ソレダデ　エーワ　ト　(B　ソー　ソー　ソー　ソー

ウン）ビンボーニンワ　ヨク　イッタ。　ビンボーニンワ　ヤケダ
ト　イッテ　ソノ　（B　タカイ　トコ）タカイ　トコバッカダモンダ
デ　デ　コメ　トレヘンダ。　ソーユー　コトオ　ヨー　（C　ハー
ハー）ソノ　オヤカラ　キータダケドモ。

22A 違う　後は柔らかい田をピッとひび割れさせてしまったものだから
　　まあ　それは口で言えることではないたいへんな　あくる年は　こと
　　だったんだけど　（B　うん）米というのはそれだから　あのう　昔の大
　　家様は北ノ池がかりがたくさんあるから　そうだからいいなと　（B
　　そう　そう　そう　そう　うん）貧乏人はよく言った。貧乏人は焼け
　　田といって　その　（B 高いところ）　高いところばっかりなものだから
　　それで米［が］とれないんだ。　そういうことをよく　（C　はあ　は
　　あ）　その親から聞いたのだけれども。

　貧乏人は米がとれなかったことの説明に事細かく「〜デ」を用いて理由を
添加している。そして、「コメ　トレヘンダ」で本来言うべき事は全うした
はずであるが、そこで断定せず、「オヤカラ　キータダケドモ。」と一種責任
逃れの逃げ道のような文を付け加えている。その間、BとCは「ンー」
「ソーソー」「ハーハー」ぐらいしか発しておらず、Aに同意を示している。
　資料5はその少し後の会話である。

資料5
59A ウン　オヒャクショーガ　コメガ　トレンジャ　マー　セーカツニ
　　コトオ　（Bンー）カイチャウモンダイ　ソリャ　ヒッシニ　タノンダ
　　ワケダケドモ。
60B イシ　ナーンニモ　ソノ　ジブンニワ　ソリャ　イマデコソ　アノ　パ
　　ン　クットキャ　エーン　＊＊　ナニ　クットキャ　エー　ッテ　ユー
　　ダケド　ソンナ　ジブンニワ　ソンナ　パンダナンテッテモ　アラヘン
　　ダモン。

61A パンダノ　ラーメンダノント　マー　アラヘンダモン。
62C{笑} カエッテ　ゼータクヒンダモンナ。（A {笑}）(B ンー)　ソノ　トキジャ　コメガ　ナニヨリモ。
63A マー　コメガ　アンタ　ヒャクショー　シトッテ　コメガ　ソー　キラクニ　タベレルト　ユーモンジャナイデ　イー　コメワ　ウッテ　クズマイオ　ヒャクショーワ　タベテ　ムギオ　タベテ　アッ　ソーユーコトダッタダモンダデ。

59A うん　お百姓が米がとれないのでは　もう生活に事を　（B うん）欠いてしまうものだから　それは必死に頼んだ［＝雨乞いをした］わけだけれども。　60B そうだし　なんにもその頃には　それは今でこそあのパン［を］食べておけばいい　＊＊　何［か］を食べておけばいいと言うのだけど　そんな頃にはそんな　パンだなんて言ってもありはしないのだもの。　61A パンだのラーメンだのと　まあ　ありはしないのだもの。
62C{笑} かえって贅沢品だものね。（A {笑}）（B うん）　その時では米が何よりも。　63A まあ　米が　あんた　百姓［を］していて米がそう気楽に食べられるというものではないし　いい米は売って屑米を百姓は食べて麦を食べて　あそういうことだったものだから。

　初めは「～デ」という客観的な理由ではなく、「～ダモン」で、理由は示すが同意を求める形で三者がお互い納得し合っている。また、61A は 60B の「アラヘンダモン」を反復する表現で同意を示している。いずれにしても必ず理由を言うことで内容を正当化しながら展開していく方法である。
　以上、尾張地方の談話展開は助詞「～デ」をキーワードとして理由を示しながら説明、説得していく方法が採られており、さらには「～ダケド」と反論の余地を断ち、理由を正当化することも行われている。「理由づけ説明型」展開方法といえよう。こうした展開に対して受け手側は「ソーソー」「ハーハー」と相づちを打ったり、或いは発話者が用いたのと同じ語を繰り

返すことで賛同の意を示す。

また、他地方出身の筆者は、当該方言で賛同に「ナルホドネ」をよく使っているように感じている。聞き手にとって未知の事柄に理由を示して説明されたとき、単なる賛同ではなく、軽い驚きとともに、より深い納得を示す「ナルホド」が使われるものと考えられる。

資料6
A①ダカラ　モチゴメワ　マエノ　ヒカラ　カシトカナ　タベレン。
B②コメワ　ワカルンダワネー。
A③マメトカ　ソレワ　カシトク。　④ツケオキシトク。　⑤カシトク。
B⑥ナルホドネー。
A⑦アー　ソーナンダー。　⑧アー　ソーワ　ミンナ　イワナインダー。

A①だから、餅米は前の日から「カシ」ておかないと食べられない。
B②米(に対して「カス」と言うの)は分かるんだわねえ。
A③豆とか、それは「カシトク」。④漬け置きしておく。⑤「カシトク」。
B⑥なるほどねえ。
A⑦ああ、そうなんだ。⑧ああ、そう〈「カシトク」と〉はみんな言わないんだ。

名古屋弁では米を水につけておくことを「カス」と言うが、Aさんは米以外のものにも漬け置きする事を「カス」と言う。その説明を受けて40代のBさんは「ナルホド」と言い、他の人が米以外に「カス」を使わないことを知った30代のAさんは若い世代らしく「アー　ソーナンダー」と反応している。

2.2.　三河方言の場合

では、同じ愛知県内の東半分はどうであろうか。資料7は、資料3と同じく『愛知のことば』所収の岡崎市箱柳町方言の見送り場面文字化資料後半

部である。Aが夫、Bが妻で、番号は久木田による。

資料7
A①コーユー　クモッタ　ヒワナー　サカナガ　ヨー　ツレルデナー。
B②ホイデモ　コンナヒニ　イッテー　モシカー　スベッタリ　シタクンナラ　アブナイデー。
A③ホンナコトー　シンパイシタコタネー　キオツケテ　ヤッテクルデー。
B④ホイジャー　キオツケナン。
A⑤オー。

A①こういう曇っている日はな、魚がよく釣れるからな。
B②それでも、こんな日に行って、もしもすべったりするとあぶないから。
A③そんな事を心配することはない、気をつけてやってくるから。
B④それでは気をつけなさいよ。
A⑤おう。

　資料3同様、釣りに行こうとする夫は妻を説得すべく、「〜デ」による理由づけを行っている。対する妻は、できれば思いとどまらせたい思いを理由づけて伝えている。
　資料8は筆者が調査して得た、岡崎市の自然談話である。子供が同級生ということでつながった、60歳前後の女性3人が話している。家も近所で、いつも一緒に旅行に行くなどとても仲がよい。

資料8
A①デモー　クド　アレバ　イシャ　イクワヨネー。　イシャ　イッテ　クスリ　モラウワネー。
B②ネー。　チョットネー。　エライヨネー。（間）マエワ　ソンナコト　ナカッタン。
A③ダカラネー。　アタシー　アノコ　ネツ　デテモネー。　クスリ　ノマンジャンネー。　イガイト。

B④ホー。
A⑤ホデ ナオシチャウジャンネー。 サッキモ イッタノ。 アノー ダカラー コトシー コンカイ ハジメテダヨネ、クスリ ノンダノ ミタノッタラ。 ソーダネーッ ツッテタカラサー。
B⑥ソリャ ヨッポド エラカッタンダ。
A⑦ンー。 クドマデ イッタコト ナカッタカラ。
C⑧ソダネー。 ソイダケ デチャー エライワネー。
A⑨ヒチ ハチドダッタラ ガマンシチャッテルモノ。
C⑩ンー。 ネー。
A⑪チュー チューテードダッテ イワレタッテネー。 ビョーインデ チューテードダッテ イワレテー。
C⑫ンー。
A⑬ンダー トモチャンガ マー アノー ヒドク ナルト ドー ナルノッテ。 ヒドク ナルト シンジャウゲナッテ イットッタケドサー。
C⑭アー ホントー。

（お嫁さんに薬疹がでた話で）
A①でも（熱が）9度（39度）あれば医者に行くわよねえ。医者に行って薬をもらうわねえ。
B②ねえ。ちょっと、ねえ。（体が）きついよねえ。前はそんなことはなかったの？
A③だからねえ。私、あの子〈嫁〉は熱が出てもねえ。薬を飲まないのよね。意外と。
B④ほう。
A⑤それで治してしまうのよね。さっきも言ったの。あのう、だから、「今年、今回初めてだよね、薬を飲んだのを見たのは」って言ったら、「そうだねえ」って言ってたからさあ。
B⑥そりゃ、よっぽどきつかったのだ。
A⑦うん。9度まで行ったことはなかったから。

C⑧そうだねえ。それだけ(熱が)出てはきついわねえ。
A⑨7、8度(37、38度)だったら我慢しちゃっているもの。
C⑩うん。ねえ。
A⑪(薬疹のひどさが)中程度だって言われたってねえ。病院で中程度だって言われて。
C⑫うん。
A⑬そうしたらトモちゃんが、まあ、あのう、ひどくなるとどうなるのって(訊いた)。ひどくなると死んじゃうそうだよって言っていたけどさあ。
C⑭ああ、本当なの。

　Aが嫁の薬疹について説明しているが、初めは嫁が我慢強いことを訴えている。①、③、⑤は「(ヨ)ネー」「ジャンネー」を畳みかけることで同意を求める展開となっている。②でBの同意を得たところで⑤、⑦は「〜カラ」により、状況の深刻さを理由づけ、強調している。⑥、⑧はそれらを受けて強く賛同している。さらにAは⑨で「〜モノ」と、状況証拠を突きつけ、⑤、⑦の理由を補強する展開となっている。ところが、⑪は一転、薬疹のことを今まで説明してきた話の流れ、盛り上がりを逸脱するように話し始めている。⑬では「中程度」という現実を受け入れながらも、やはり「ひどい」事を伝えたい気持ちが「〜ケドサ」に表れている。否定的理由も示しながら、それも認めた上での主張となっている。こうした流れは「〜デ」こそ用いていないものの、やはり今まで見てきたものと同様に理由づけをしながら説明を展開していく方法であるといえよう。それを受ける側は「ネー」「ホー」「ソダネー」「ホントー」と強く賛同の意を示している。このことについて、同じ話者たちは次のように分析している。

資料9
Aナンカ　サイゴニ　ネー　ネー　ツケル。
Cナンカ　シタシミガ　アルヨーナ　カンジニ　ナッチャウノカナ。
　ネー。　ソレトモ　ネンオシミタイナ　カンジナノカナ。

Aホラ　ネー　ネー　ユー。
Cソーダネー。
A何か最後に「ネー　ネー」をつける。
C何か親しみがあるような感じになっちゃうのかな。ねえ。それとも念押しみたいな感じなのかな。
Aほら、「ネー　ネー」言う〈言っている〉。
Cそうだねえ。

　また、お年寄りが相づちを打っていて「ホダネ(そうだね)」だけで話が終わってしまったことがあるという教示もあった。

Aデモ　ホントニ　ホダネ　ホダネデ　オワッチャウ。
Aでも、本当に「ホダネ　ホダネ」で終わっちゃう。

　さらに、「ホダ」が若い人では「ソー」になることについても以下のように教示された。

資料10
Cイマ　ソー　ソー　ソー　ソーッテ　ナル。
Bンー。
Cホント　イエバ　ホダ　ホダ　ホダ　ホダ　ユーテクルワ。
Aダヨネー。　ホーダヨネー。

C今(では)、「ソー　ソー　ソー　ソー」ってなる。
Bうん。
C本当ならば「ホダ　ホダ　ホダ　ホダ」と言ってくるよ。
A(そう)だよねえ。そうだよねえ。

　この会話自体、「ホーダヨネー」で終わっている。いずれにせよ「ネー」

と言い合うことで同意していることを強く確認し合っている。また、相手が理由をつけて説明することを認める表現として「ホダ」「ソー　ソー」を用いており、決して相手に逆らうことはない。

　また、東三河に位置する豊橋市でも理由を表す「～ダモンダイ」が多用されていることが指摘されている(園部(1999))。

　以上、相手の同意を促すように理由づけをしたり、「ネー」で確認しながらの談話展開を受け、聞き手側も逆らうことなく、むしろ強く同意しながら話を進めていく「理由づけ説明型」展開方法は尾張、三河共通のものといえよう。

3. 関西方言の談話展開の方法

　関西方言は接続詞を連続させて客観的事実を重ねながら説明していく展開方法を採っている。聞き手はその説明から、話し手の立場、状況を察し、話し手の真意をくみ取らなくてはならない。この方法ができるのは、代々、長年にわたってその地で生活し続けてきた者たちのコミュニティーであるという点が重要な要因となっている。関西でも、最近の若者はこのような展開方法を採らず、東京的に、主張したい事柄を直接的に言う方法が採られているようだということを複数の方から指摘されたが、若者の生活背景を考えると、しきたり、習慣を共有していなければ、このような方法が採れないのは当然である。ただ、若い人にも関西特有の「ボケ・ツッコミ」の精神は健在で、談話展開にも随所に現れる。

　資料11は女子大生同士の会話で、TV番組でアクロバットによるミュージカル公演の練習風景を放送していたことを話題としたものである。(久木田(2005))

資料11
B ジテンシャ　ノルダケデモ　スゴイノニ　(笑)　マダ　ナンカ　コーンナナ。　(アー。)　コーユー　トコー　ナーンノヨ。　ソレ　コノママ　ハ

シッテ ココデ コー クルッテ マワンノヨ。 ソレガ ナーンモ ナンカ スポンジトカ ナイ トコエ ドテット オチルネン。（Aエーソンナ シンジラレン。）（C ウワー。）＊＊カナー、アレ。 アンナン ナンボー ホネ オルカー。（笑）ナンカ ミュージカル ワー ユーテル アイダニ ボキボキボキボキユーテ。（笑）ダンダン ヒト ヘッテイクネン。 コーエンチューニ。 ナンカ ハジメ モット イタン チャウカナー。 カオ ミタノニ。（笑）
Cサイゴ フタリグライニ ナッテ（笑）ハコンデーッテ。（笑）
Aシカモ マッチョヤカラ ハコブノ ナンデモナイ。
Bア ホンマヤ。（笑）
Aマッチョガ ハコブノヤテ。（笑）

B 自転車に乗るだけでもすごいのに、まだ何かこんな、ね。（ああ。）こういう所をなるのよ。それ、このまま走ってここでこうクルッて回るのよ。それが何も、何かスポンジとか無い所にドテッと落ちるのよ。（Aえー、そんな、信じられない。）（C うわあ。）＊＊ あんなのどれだけ骨を折るか。何かミュージカルでワーと言っている間にボキボキボキボキといって。だんだん人が減っていくのよ。公演中に。何か初めはもっといたのと違うかなあ。顔を見たのに。
C最後は2人ぐらいになって、「運んでー」って。
A しかも（共演者も）マッチョだから運ぶのは何でもない。
Bあ、本当だ。
Aマッチョが運ぶんだって。

　関西方言では、「だれかがボケればだれかがツッコむ。それどころか、相手がボケたがっていると見れば、ボケやすいように話の流れ、キッカケをお膳立てしてやる。」（尾上（1999））という気配りが要求される。資料11では初めはアクロバットの様子を熱心に話しているが、他の人々の驚く様子に反応して、すぐさま「ナンボ ホネ オルカー」とオーバーに表現して見せて笑

いをとっている。その架空の話にさらに想像をふくらませ、骨を折る人が続出する話に仕立てている。オノマトペを効果的に使い、臨場感あふれる表現で仮想の世界が広がっている。そこに聞き手も同調し、一緒に空想をふくらませることで会話を楽しんでいる。相手がボケればツッコむ。相手の世界に合わせて自分もそこに参加していく。この文例は正に関西人の話術の典型といえよう。

そして、こうした言葉遊びの楽しさは、普通に話していたところから突然ボケる、別世界を示すという落差にあるといえる。先の例でも、アクロバットの巧みさを語った直後の展開で、その意外性に笑いが生まれる。それはまるで平坦な道に開いた落とし穴のようなものである。罠を仕掛けるように「お楽しみ」箇所を用意し、スキあらばツッコむという手法がとられている。それは次の男子高校生の会話においても同様である。

資料12
Bアノ　ホワイトタイガーッテ　アレ　ナンデス。
Aシロイ…
Bシロイ　タイガーデショー。
Aヤッパリ。
Bアレ　ヤッパリ　ドーシテカナー。　キーロニ　ナッテ　ナイカラー　ミジュクナンデスカ。　ワザト　アーユーナン　ツクルンカナー。
Aチャウ。　トラトナー。　シロクマガナー。　ヤッテ　デキタ　コー。
Cソンナコト　ナイデー。　アレ　ペンキ　ヌルン。
Bダッショクシテルン。　（笑）
Cカミ　ソメテンネヤ。　（笑）　トラモ　トシヤ。
Bトシヤ。
Aアレモ　イクモー。　オー。　ケー　ウステ　イクモーヤ。

Bあのホワイトタイガーって、あれ何です。
A白い…

B　白いタイガーでしょう。
A　やっぱり。
B　あれ、やっぱり、どうしてかなあ。黄色になっていないから未熟なんですか。わざとああいうのを作るのかなあ。
A　違う。虎となあ。シロクマがなあ。やってできた子。
C　そんなことないよ。あれ、ペンキを塗るの。
B　脱色しているの。
C　髪を染めているんだ。虎も年だ。
B　年だ。
A　あれも育毛。おう。毛が薄くて育毛だ。

　初めは普通に話しているが、質問にまともに答えられなくなり、ボケてはぐらかしたところをすぐさま相手の空想に同調して、次々とその空想の世界を広げていっている。
　このことは「言語」の枠にはとどまらず、「言語行動」「コミュニケーションの在り方」ということでも特に大阪人に強く表れている。以前、あるTV番組で「大阪人気質」を取り上げ、ことばだけではなく、態度でも必ず相手に合わせたリアクションをしてしまうことを実証していた。大阪人は刀で斬りつけたり銃で撃つまねをすると、見ず知らずの人でも「やられた」と言ってリアクションするというものである。驚いたことに、ケータイで話ながら通りかかった人までもが、通話そっちのけで対応してしまい、突然の「やられた」という言葉やうめき声に電話の相手が何事かとびっくりしていた。よその人にとっては奇妙な気質に思えるかもしれないが、相手が望んでいることを察し、それに合わせるという思いやりの精神と考えられる。
　言葉の面での「ボケ・ツッコミ」も相手が仕掛けた「罠」を素早く察知し、相手が望むユーモアで返すという思いやりである。相手の望むことを察することができ、相手に合わせられるのは生活環境を同じくしており、相手の立場が瞬時に理解できるからこその所産である。若い人は確かに言わなくては分からないのでそれを補うべく言うようになってきているとは思われ

る。しかし、談話展開面での「ボケ・ツッコミ」のような「しきたり」は受け継がれている。関西のコミュニケーションの在り方は(特に大阪で)、相手の話の中にいかに入っていくか、発話者も聞き手も一種の駆け引きを行っているものといえよう。そして、そのことをお互いに楽しんでいる。

4. 東京方言の談話展開の方法

　筆者は東京方言の談話展開が「ダカラ」「ホラ」「ネッ」をキーワードとする主観直情型であると指摘した(久木田(1990))。よそ者の集まりである東京では、主張したいことを単刀直入に言わなければ相手に真意が通じないところからこのような展開方法が採られているものと考えられる。しかも、この「ダカラ」は本来の理由を表す意味はもたず、発話の主導権を握るために使われている。その点、先述したように愛知県方言が理由を表す「〜デ」によって、盛んに理由づけしながら談話が展開されているのとは対照的である。

　さて、東京方言のように、ズバリ主張がなされるような展開では、聞き手はどのように応じているのであろうか。次の資料は、筆者が浅草寺境内で、地元で「鳩のおじさん」として有名な70歳代のご隠居(H)に言葉について話してもらった時のもので、たまたま居合わせた埼玉県出身の70歳男性(S)が話に加わっているものである。文中の太字はアクセント高音部を示す。

資料13
H①ダカラ　ネー。ナカナカ　コトバッテナ　ヤッテモ　ムズカシーンダヨネ。
S②シー　ソリャ　アエダネ。　アーユ　ショーテンノー　ネ。　アン　オジーサンカ　ナニカンナラ　イチバン　イーンダ。
H③ダカラ　イマネー。　アノ　テレビホーソーキョクノ。　アナウンサー。　アレガ　ミンナ　ショージュンゴノ　シケンガ　アルデショ。　トコロガネー。　イザ　ホーソーシテル　トキノー　キートクトネー。

H⑱うん。
S⑲やっぱりいくらか・・・
H⑳だからね。皆、地方の人が多いのだよ。大体が。東京の人はいないですよ。だから皆ねえ。

次の例は元近所同士の老女の会話である。Aは明治35年京橋生まれ、Bは明治42年芝生まれで、1988年当時それぞれ86歳、79歳であった。

資料14

A①センソノ　オカゲデ　ヨクナッタ　ヒトモ　アルワネ。
B②ソリャ　ソーヨネ。
A③ダカー　キタガワサンナンカ　（笑）
B④アスコワ　マター　トクベツヨーネ。アノ　ウチ　ナーンカイカ　タテナオシタノカ　シラナイモノネー。
A⑤アー　ネー。
B⑥アイダケノ・・・
A⑦センソノ　オカゲデネー。
B⑧ンー。アイダケノ　チカラワ　アッタノヨ。アノ　オジーサンガ　エライヨネ。
A⑨ソー　ソー。ネ。
B⑩ソレッコソ　アノ　オジーサンワ　ネー。エ　ショーガッコーダッテ　サンネンカ　ヨネン。ムカシノ　コトデネー。（中略）ソレコソ　アノー　テラコヤミタイナンデネッ。アノ　オジーサンダッテ　ソーヨ。
A⑪アー。
B⑫アノ　イナカデ　ソレコソ　シツレーダケド　ビンボーソダチ　シテネー。（中略）クローニ　クローシテ。ンデ　イマジャ　アンタ　スゴイ　リッパナ　ウチー　タッテネー。（A　笑）オンナノコサン　フターリダケド　ミンナ　ヤ　ゴヨーシ　トッテネー。イマ　リッパニ

ヤッテマスヨ。
A⑬アソコワ　タイシタ　モンダッタネー。
B⑭ウン。　タイシタ　モンダワ。　ダカラ　ヤッパ　ソノ　ヒトノ　ウンニモ　アルシー　マ　ココロガケモ　モチロン　ヨカッタンデショーヨネ。

A①戦争のお陰で良くなった人もあるわね。
B②それはそうよね。
A③だから、キタガワさんなんか…
B④あそこはまた特別よね。あの家、何回建て直したのか知らないものねえ。
A⑤ああ、ねえ。
B⑥あれだけの…
A⑦戦争のお陰でねえ。
B⑧うん。あれだけの力はあったのよ。あのおじいさんが偉いよね。
A⑨そう、そう。ね。
B⑩それこそあのおじいさんは、ねえ。小学校だって3年か4年（しか行っていない）。昔のことでねえ。（中略）それこそあのう、寺子屋みたいなのでね。あのおじいさんだってそうよ。
A⑪ああ。
B⑫あの、田舎で、それこそ失礼だけど貧乏育ちをしていてねえ。（中略）苦労に苦労をして。それで今ではあなた、すごく立派な家を建ててねえ。（子供は）女の子さん2人だけど皆、御養子を取ってねえ。今、立派にやっていますよ。
A⑬あそこは大したものだったねえ。
B⑭うん。大したものだわ。だから、やっぱりその人の運にもあるし、まあ、心がけも勿論良かったのでしょうよね。

　先の資料13のように1人が終始主導権を握って話すのではなく、ややB

が優勢であるが、あくまで2人のお喋りである。「ネ」で相手に持ちかけると「ソー」で同意したり、「ネ」で再確認し合いながら話が進められている。特にA⑦やA⑬でのAの発言からBが発言権を握ろうとする時も、資料13のように強引に奪うのではなく、一旦「ウン」と相手の話を肯定的に受け止めてから、話を進めている。2人がお互いに主張はしても、「ネ」で同意を求め、相手の意見もきちんと肯定することで円満なコミュニケーションが成り立っている。

5. まとめ

　以上、新たに愛知県方言の談話資料を検討することにより、当該方言が「〜デ」や「〜ケレド」をキーワードとして理由づけをしながら相手を納得させていく「理由づけ説明型」の談話展開方法を採っていることが明らかとなった。これは、主観直情型の東京方言や客観説明累加型の関西方言とはまた異なる展開方法であり、談話展開の方法には、やはり地域差が認められる結果となった。

　今回はさらに聞き手の側にも注目し、こうした展開をどのように受け止めてコミュニケーションを成立させているのかを考察した。その結果、愛知県方言では発話者に逆らうことなく、「ホダ」「ソーソー」等で完全同意したり、「ネー」で確認し合いながら受け止めていることが明らかとなった。場合によってはそれ以上付け加えることもなく、発話者の言いなりに事が終わることもある。また、尾張方言では、聞き手にとって未知の事柄である場合は「ナルホド」を使い、これまた逆らうことなく納得の意を示す。このようにして、発話者の伝えたい内容は伝達され、しかも完全に受け入れられることで、話者・聞き手ともに満足できるようなコミュニケーション方法であるといえよう。

　関西方言は、説明を重ね続けることによって話者の立場を相手に示しているのであるが、それはまた相手が「ツッコミ」を入れやすいような「仕掛け」でもある。さすがにシリアスな場面や話題では、聞き手もツッコむこと

は遠慮するが、ツッコミ所を仕掛けることは相手への配慮であり、そこにツッコむことがまた聞き手としての配慮でもある。そして、ツッコまれればボケ、ボケられればツッコむ。こうして言葉のやりとりをすること自体を楽しむようなコミュニケーション方法であるといえる。

　いっぽう、東京方言は、よそ者の集まりであることからはっきりと主張する談話展開方法であるが、聞き手は黙ってその主張を聞くことになる。「お説」を伺うことで話者は主張が通ったと満足する、いわば話者の発話意図が伝わりやすいコミュニケーション方法といえよう。もし聞き手側も自己主張をするとなれば、「ダカラ」で話の主導権を奪っていくことになるのだが、反論というわけではない。さも、相手の前言に関係しているかのように「ダカラ」を巧みに駆使しているのである。また、主張した後「ネ」で相手に賛同要求を持ちかけ、お互いに確認し合う方法も採られている。愛知県の場合は「ネー」で聞き手が同意を示していたが、東京方言の場合は「ネ」でむしろ話し手が同意を求めている点がやや異なる。

　本稿では、談話展開の地域性とそれらに応じたコミュニケーション方法がそれぞれ存在することを明らかにし得た。いずれの場合も話者の主張が聞き手の同意を得られる事が重要であり、話者はそのための工夫を行っているといえる。それに対して聞き手は相手に合わせて同意を示すことで円満なコミュニケーションが成り立っている。今後はさらに他の地域の談話展開方法を究明していくことが求められる。

文献
愛知県教育委員会(1985)『愛知のことば―愛知県方言緊急調査報告書―』
沖　裕子(1993a)「談話型から見た喜びの表現―結婚のあいさつの地域差より―」『日本語学』第12巻第1号、明治書院
沖　裕子(1993b)「談話から見た東の方言／西の方言」『月刊言語』第22巻第9号、大修館書店

沖 裕子(2006)『日本語談話論』和泉書院
尾上圭介(1999)『大阪ことば学』創元社
琴 鍾愛(2003)「仙台方言における談話展開の方法―説明的場面で使用される談話標識から見る―」『文芸研究』155
琴 鍾愛(2004a)「仙台方言における談話標識の出現傾向」『国語学研究』43、国語学刊行会
琴 鍾愛(2004b)「日本語方言における談話標識の出現傾向―東京方言、大阪方言と仙台方言との比較―」『日本語学会2004年度春季大会予稿集』
久木田恵(1990)「東京方言の談話展開の方法」『国語学』第162集
久木田恵(1992)「北部東北方言の談話展開の方法」『小林芳規博士退官記念　国語学論集』汲古書院
久木田恵(1992)「現代高校生の談話の実態―話題転換の方法―」『国語表現研究』第5号
久木田恵(2003)「名古屋方言の実態」『コミュニケーションの地域性と関西方言の影響力についての広域的研究　研究成果報告書』No.1(研究代表者：陣内正敬)
久木田恵(2005)「談話類型から見た関西方言」『関西方言の広がりとコミュニケーションの行方』和泉書院
久木田恵(2008)「愛知県岡崎市方言の談話資料」『山口幸洋博士古希記念論文集　方言研究の前衛』山口幸洋博士の古希をお祝いする会、桂書房
国立国語研究所(編)(1987)『国立国語研究所報告92　談話行動の諸相―座談資料の分析―』三省堂
国立国語研究所(編)(2004)『日本のふるさとことば集成　全国方言談話データベース　第9巻　岐阜・愛知・三重』国立国語研究所資料集13-9、国書刊行会
園部美由紀(1999)「豊橋方言における談話展開の方法―東西方言折衝地域太平洋側における談話展開の方法―」『地域言語調査研究法』おうふう
東京都教育庁社会教育部文化課(編)(1984)『東京都のことば』東京都教育委員会
野崎希世江(1996)「江戸語における談話展開の特徴」『名古屋・方言研究会会報』第13号
畑中宏美(1994)「富山県氷見方言の談話展開の方法」『北海道方言研究会二十周年記念論文集　ことばの世界』
山口幸洋(1987)「東京下町方言のアクセンチュエーション」『音声言語II』

【談話】

方言談話論の対象と方法

沖　裕子

1. はじめに

　談話論は、言語の総体を研究対象とする。音声学と音韻論から出発した近代言語学は、その後、意味を有した単位へと対象をひろげ、語、文、談話へと研究を進めてきた。言語の最上位の単位である談話は、近年ようやく研究の途についたところである。研究の出発点ともなる「談話論とは何か」という問いについては、種々の立場からいまだ模索が続いているといえよう。

　談話は言語のみに閉じた単位ではない。また、談話は言語の地域性や社会性を観察対象から除いては考察が成立しない単位でもある。そこで、談話論と呼んでも、方言談話論と呼んでも、記述の観点からは大きな違いはないともいえる。ちなみに、方言学とはことばの地域差や社会差を研究対象とし、また、一方言の記述に際しても他方言との関係を意識する。そこで、こうした諸方言間の比較対照または方言史の構築を念頭におくことがある場合、特に方言談話論と呼ぶことになろう。

　本論では、ひとまず記述的立場に立って談話論の対象と方法について学的考察を行い、論全体の見通しを得ることを目的としたい。なお、ここで扱う対象と方法は、すべて言語学の立場からのものである。言語学的談話論は、3領域から成り、2視点に留意する必要があることについて述べる。3領域とは、談話の記号的特徴の研究、談話の様式的表現的特徴の研究、談話の心理的社会的文化的特徴の研究であり、2視点とは、言語接触における談話の

変容、外言と内言の交渉への留意を指している。以下、この順に述べる。

2. 談話の記号的特徴の研究

2.1. 談話の形態・意味・意図と結節法

　談話論の第1の目的は、談話の記号的特徴の解明にある。

　構造主義的には、談話は分節的に得られる最上位の単位である。語は、基本的に形式と意味が対当する単位であるのに対して、談話は形式と意味は必ずしも対当しない。意味内容は表現された言語形式を超えて存在する。字義どおりの意味が分かっても談話総体の意味理解には必ずしも届かない。話し手が意識的に無意識的に表現していること（「意味内容」と呼ぶ）は、言語を使用しつつ言語を超えて伝達される。談話とは、言語形式を選択的創造的に用いて意味内容を言語形式へと実現していく過程であり、同時にまた言語形式を手掛かりに解釈する過程である。談話の生成、解釈には、言語文脈とともに言語外現実が参照される。

　談話のこうした言語記号的特徴を研究するためには、音素、音節、形態素、語、句、節、文などの分節的に得られる記号的諸単位と、アクセントやイントネーションなどの超分節的な記号的諸単位が、相互にどのように協働しながら時間的展開のなかで結節されていくか、そのしくみを形態と意味の両面から解明する必要がある。談話には、それを破ると談話として意味を成さなくなるか、あるいは意味がきわめて解釈されにくくなる言語規則が存在する。このような談話文法を対象とした研究を、談話研究の第1の領域として位置づけることができる。なお、「談話文法」は研究史的には文文法に近い概念であること、また、談話の文法は構文論とは異なる文法的性格を有することから、談話単位における文法的側面を問題にする場合、狭い意味で結節論と呼びたい。結節や結節法は、自律的記号面だけではなく、次節以下に述べる様式表現面や、心理、社会、文化面にも広く認められる。結節論を広義に解釈すれば、談話論全体が結節論であることになる。

　たしかに、談話は閉じた単位ではなく、受け手の態度如何によって補完的

な理解が成立する単位である。この意味でごく単純化すれば、文の適格性判断が言語共同体に属する母語話者1人によって可能であるのに対して、談話の適格性判断は受け手の解釈による判断の幅を原理的に含んでいることになる。文は完結した閉じた単位、談話は未完の開いた単位であるといえる（池上（1984）、沖（2008））。しかしながら、解釈が受け手に委ねられる場合にあっても、受け手は言語記号を補完的に復元し解釈していることを思えば、談話記号が複数の復元可能性の範囲内で意味を成しているところに、談話の文法性が存在する。もっとも、受け手と話し手の方言は、一致することも一致しないこともある。異文化接触のように共通のラングが完全には保証されない状況において、誤解や曲解という談話解釈が成立していることもある。その場合にあっても、談話が誤解や曲解においてひとつの言語的意味を成している限り、そこに文法性を問題にすることができるであろう。

　ちなみに、談話に対して文章は、書き手の個人的特性を隠すことができるという特徴をもつ。複数の書き手がひとつの文章を完成させることもあれば、書き手が筆名や匿名で発表することもあり、また、手書きではなく印字による文章化も今日では一般的である。それに対して、談話は必ず声によって発話されることから、特定の個人がそこに顕現する。かりに電話などで身体的特徴が隠されたり、匿名である場合があっても、声そのものに、性別やおおよその年齢、体調やある種の信条などの個人的側面までもが看取される[1]。そして、その個人は、必ずある地域、ある社会に生まれ育っており、その言語は必ず何らかの地域的、社会的特性を有しているものである。その点で、方言的特徴への考慮なしには、談話の記号的研究は成立しない。

　談話は、言語の総体である。総体である談話は、いま述べた意味で基本的に個人が産出する記号単位である。同一の地域的社会的特徴を有した話し手と受け手が、共通のコードで相互行為をする場合だけではなく、文化的に異質な他者が相互行為を行うことに対しても説明可能なモデルを構築するためには、話し手の数だけ異なる談話が産出されているという、複数視点モデルを追求する必要があろう（時枝（1960））。

2.2. 談話結節論の現在

　記号面の研究は、談話の形態・意味・意図と、その結節法の研究とから成る。また、言語素材自体の研究は談話論の直接的対象ではないが、たとえばイントネーションのように研究途上の単位があれば談話論には進めないことから、言語的諸単位の研究は、すべて談話論の構築に必要となる。

　談話単位の意味とその結節法は、機能文法やテクスト言語学が開拓した結束性、整合性、構造という観点から、指示、代用、省略、接続、視点、主題等々、文章を中心に盛んに研究されている（野村雅昭（1994）、メイナード（1997）、佐久間編（1989）、野村眞木男（2000）、庵（2007）、甲田（2001）、砂川（2005）、沖（2006）他参照）。類型論的もしくは認知的研究としては、池上（1981、2006）井出（2006）がある。また、動態的言語観に立脚した談話モデルを追求する研究として、時枝（1960）、定延（2000）、沖（2006）などが挙げられる。

　談話論から見て、文章を対象とした結果が、談話の独話にそのままあてはまるかどうか、また、対話が独話と同質の結束性、整合性、構造を有するかどうか等については検討が少なく、今後の課題となろう。また、談話論の進展によって、談話より下位の言語的諸単位がどのように見直されるかについても、今後の大きな課題である。

　対話（会話）を対象とした研究も近年隆盛である。勧誘の対話を、意図の応酬という観点から考察したのはザトラウスキー（1993）であった。「情報提供」「注目要求」「共同行為要求」などは、意図を明示的に扱おうとした点で多くの示唆を含んでいる。また、メイナード（1993）は、日本語の会話分析における早い時期の研究である。さらに、田窪（1995）、金水（1995）、定延（1995）は、感動詞、応答詞、終助詞などを再解釈しつつ、対話における心的操作や制御という観点から談話管理理論という新しい談話観を提示している。定延（2005）が扱ったパラ言語や吸気音は、素材的研究自体が談話結節への提言につながっている。

　また、音声と文法研究会が発足し、音声と文法的単位との関係に関して考察が重ねられ、すでに5巻の論文集が逐次刊行された。音声的諸単位の結

節については、川上(1995)、上野(1989)、宮岡(2002)に教示を受け、東京方言談話のイントネーションとアクセントの同時結節を論じた沖(2001、2004)がある[2]。また、会話における切れ続きの研究には、串田・定延・伝編(2005-2008)があり、多彩な視点を提供している。

　こうした研究のなかで、地域性や社会性に注意を払った結節論は、全般に少ないといえる。先にも触れたように、言語的諸単位の研究の十分な蓄積がなければ談話論は成立しないため、各論に関する研究的蓄積を重ねることがいまだ必要な事情が与ってのことであろう。今後は、音声で表現される談話の本質的特徴に鑑み、方言談話論が発見する成果が期待される。

3. 談話の様式的表現的特徴の研究

3.1. 文体と話体

　談話論の第2の目的は、談話の様式的表現的特徴の解明にある。談話の様式的特徴は表現論のなかで扱われ、書きことばでは文体、話しことばでは時に話体と呼ばれてきた。文体と話体に共通する性格はあるが、それぞれに特有の課題もある。話体論は、文体論研究を継承しつつも、それを越える新たな枠組みを用意しなければならないといえるだろう。

　それではまず、文体論についてふりかえることから始めたい。文体は、次のように説明されてきた。やや長くなるが、2つの辞典から部分を引用する(【　】内は、論者)。

　　文体　言語表現の様相にもとづく特殊性。普通、書きことばについていう。文章表現のスタイル(style)。文体のとらえ方は、研究者によって非常に多様である。たとえば、時枝誠記は、「文体の概念は、文章に対する類型認識の所産である」とした上で、「文体は、ただ音韻、語彙、語法において成立するものではなく、表現主体が、素材や題材をどのやうにして把握し、どのやうな態度で表現するか、また、表現の場面をどのやうに意識し、それによって表現をどのやうに調整するかによって、そ

こに幾つかの類型が存在することになるのである。」と述べている【①】（『文章研究序説』）。また、中村明は、「文体とは、表現主体によって開かれた文章が、受容主体の参加によって展開する過程で、異質性としての印象・効果をはたすときに、その動力となった作品形成上の言語的な性格の統合である。」と定義している【②】（『表現研究』第20号）。〔『国語学大辞典』市川孝執筆〕

文体　定義　「文」の字義にあやの意があり（ちなみに「テクスト（text）」の語源は織り物）、「体」には、風体などと使うように様相（サマ・スガタ）の意がある。「文体」の語は中国から伝来し古くから用いられている（西尾光雄『文体論』塙書房 1963 年）が、文章の様式、または容姿、の意で用いられた。（略）／「文体」の定義は、百人百様と言われるほど、立場・考え・観点等の違いに応じて種々ある。中でピエール・ギローは「文体とは、話し主あるいは書き主の本性と意図によってきまってくる表現手段の選択から生じた陳述の様相」（佐藤信夫訳『文体論』白水社クセジュ文庫 1959 年）と規定し【③】、樺島忠夫は「送り手が行なう表現選択の結果として生じた言語の特性を、その送り手または言語事実について総合的にとらえた時、これを文体という」（講座現代語5『文章と文体』明治書院 1963 年）と定義する【④】。／「文体」というとき普通書かれた文章に備わるものと考えられているが、話された文章をも含めて考える立場もある。前者に立ち、「文体」「話体」などと区別することもある。〔『国語教育研究大辞典』糸井通浩執筆〕

　文体研究は歴史が長く、定義も方法も動機も多岐にわたっているが、文体を言語学的に捉える場合には、上記解説で示された①から④が共通理解をなしているといってよいであろう。「受容主体の参加によって展開する」「異質性としての印象・効果をはたす」「類型認識の所産である」という点も指摘されるが、特に共通する点は、下記（ⅰ）から（ⅲ）である。

（ⅰ）　話し手や書き手の態度や意図がかかわること。

（ⅱ）　話し手や書き手が表現手段を選択すること。
（ⅲ）　そこから生じる総体としての陳述の様式や類型の異なりであること。

　すなわち、文体とは、話し手や書き手の態度や意図により、表現手段が選択された結果生じる、様式的変異のことであると理解することができる。意味内容を表現するのに、どのようなことがらの見方を通じて、それをいかに述べるか。つまりは、述べ方全般に見られる偏りもしくは偏り方のなかに、様式的特徴が示される。また、様式的特徴を生み出す（ⅰ）（ⅱ）（ⅲ）の過程全体が、表現と呼ばれることも多い。話体においてもこれと同様の説明が可能である。

3.2.　談話の様式的・表現的特徴
　前述した文体の定義は、そのまま話体の定義と成しうるものである。しかしながら、こうした定義を改変する可能性につながる、話体独自の問題も存在する。2点について記したい。
　第1点目は、類型的話体とは何かという問題である[3]。類型的話体意識は、言語共同体によって異なっている。たとえば、ある個人によって、A言語の談話と、B言語の談話とが、対比的に把握されたとしよう[4]。話体とは、言語記号のみに焦点をあてれば、談話総体に見られる言語形式および言語形式連鎖の「偏り」のことである。この時、A言語とB言語が、「異なり」としてではなく「偏り」として意識されるための条件は、使用者がAB両言語に通じていることにある。この条件が満たされれば、AとBとは、同一個人のなかで話体として位置づけられる可能性が開かれる。留意すべきは、仮にAとBとが英語と日本語のような言語学的に異なる言語であったとしても、話し手がAB2言語併用者であれば、それらを異言語ではなく話体として知覚し使用することが可能な点である。異なりではなく、偏りとして把握されていることは、次のようにAB両言語を混ぜたコードミキシングによる話体があることなどから、観察が可能になる。
　たとえば、小笠原諸島の米国系島民、海外の日系人の方言、戦前の国語教

育を受けた台湾人などの日本語に見られる方言状況はその証左である。ロング・橋本（2005：15）は、「小笠原には、日本語と英語が混ざっている独特なことばがあるが、これはただ単に2つの言語を話者が適当に混ぜている訳ではなく、その混ぜ方を支配する原則があるようだ。（略）小笠原の欧米系島民は、小笠原混合言語以外にも、英語と日本語を普通に（つまり、それぞれの言語をわけて）話すこともできるいわゆるトライリンガル（3ヶ国語話者）であるが、混合言語は普段自分たち同士でしか使わず、私たちに対しては、内地やアメリカなどよそから来たことを配慮して、日本語（あるいは英語）に切り替えて話すのが普通である。」と記し、第3の混合言語の豊富な用例を挙げている。

（1）　映画もそうだよ。（座席は）mix しないよ。こっちには Navy、兵隊さんとか family で、こっちが Islanders。Left and right．覚えているよ。
　　　　　　　　　　　　　　　　　　　　　　　　　　　　（同掲書：240）
（2）　それで、後は spear ね、used spear。銛、銛で魚を採る。
　　　　　　　　　　　　　　　　　　　　　　　　　　　　（同掲書：271）

　こうした現象が見られるのは、2言語に対して同程度の言語使用能力を有する人々の言語共同体があるからである。異言語が混合した話体が、談話として相互に十分に通じるからこそ(1)(2)のような現象が起こるのであろう。日本語と英語が類型的話体をなす表現体系は小笠原地域語独自のものであるが、現象自体は普遍的である。
　今日の言語生活においては、共通語化が進み、地域方言も地域共通語も、ともに使用できる人々が大勢を占めるようになった。そのために、共通語と方言とは相互に無関係な「異なる」言語コードとしてではなく、個人においても地域においても選択可能な類型的話体として機能するようになってきたのだと考えられる。小笠原混合言語のような可視性はないものの、各地の地域言語において、共通語と方言という2つの異言語のコードミキシングが起こっていると見るべきであろう。すなわち、今日の共通語と方言にはコー

ドスイッチングだけではない関係が生まれ、両者の関係の在り方そのものに地域差や社会差が生まれている。このことから、話体論においては、類型的話体意識と実態の双方について、地域的社会的変異を考察対象にする必要性を記したい。

木川（1996）、小西（2000）、高木（2005）は、東京語形と方言形の用法分担に言及している。高木（2005）は、大阪方言が東京語形ジャナイ（カ）を特定の用法に限って受け入れ大阪方言形と新たな共存を示すことを文法的に詳述したうえで、この現象を「「共通語化」とは異なる、「方言体系の再編成」」として捉えた。談話論の観点から巨視的に見れば、ここに述べた地域言語生活の変容のなかで起きているコードミキシングと関係する現象かと思う。

さらに、話体論が文体論と異なる第2点目として、コードミキシングそのものの研究を挙げたい。談話は、考えながらことばを産出していくのに適したしくみを有している。考えながらことばを産出するとは、語るべき内容に対して、あるいはその表現様式について、話し手がそのつど異なる接近のし方を試みることである。言語的には述べ直しという言語行動を行うことであり、この述べ直しのさいに話体の切り替えがコードミキシングとして観察されることになる。単一言語使用者における次のようなコードミキシングは、今後特に研究される必要があろう。

たとえば、皮肉を言ったり、冗談を言ったりする場合が、その分りやすい例である。皮肉や冗談は、その発想と表現が前後の談話とは異なっているという意味で、話種（＝談話の種類）とその切り替えの問題として位置づけることができる（沖2006：V部第4章）。また、城・古山他（2009）は、道順などの説明談話においてルート型とサーヴェイ型説明が切り替えられることを観察している[5]。こうした切り替えは、単に語彙形式を切り替えるというだけの問題ではなく、事態の見方そのものを切り替えて言語化することが起こっているとみるべきであろう。すなわち前節でみた（ⅰ）のレベルの切り替えや述べ直しが、（ⅱ）のレベルで表現されると考えられる。こうした現象は、発想と言語の関係の問題として、あるいは思考と言語の問題として、談話論の話体・表現面の研究のうちに適切に位置づける必要があると考える。

3.3. 話体論と表現論の現在

　談話の表現面の研究を表現論、その中でも特に様式面の研究を話体論と呼ぶことにする。話体論、表現論の研究は、次の方法論を採ることが多い。すなわち、(ア)共通する話種の表現を対象とし、(イ)意味内容が、(ウ)どのように談話単位として結節されているか、という観点から分析考察する方法である。複数地点の方言談話の言語表現を比較対照することによって(ア)(イ)(ウ)を記述するとともに、方言差そのものについても明らかにしていくものである。

　たとえば、久木田(1990)は、「東京方言の談話展開の方法」と題して、東京方言と関西方言の談話展開の違いを指摘し考察した論考である。久木田(1990：1)は、次のように述べる。

　　方言には、語彙やアクセントをいかに模倣しても本物には及ばない何かがある。それは談話の文体であり、そこにはある程度の地域性が認められると考えられる。これを検証するためには談話全体を一まとまりの対象として扱う必要がある。

　久木田に見られるのは、談話を総体として扱う研究態度であり、談話の文体(話体)に関する地域差を扱おうとしている点である。そして、その解明のために、「説明」の話種をとりあげ、東京方言と関西方言の差異を明らかにしようとした。その結果、要約すると次のような結論を引き出している。

(1) 東京方言には、主として客観的状況説明と主観的状況説明という2つの展開パターンがある。言語形式としては、文末の「ネー」「ノ」で繰り返し述べたり、文頭「ダカラ」や文中「ホラ」「ネッ」をキーワードとして聞き手に強引に納得させていく方法である。
(2) 関西方言(能勢方言)には、客観的状況説明が多い。順接の接続詞によって説明を累加する形で、聞き手に続きを期待させながら展開している。「ンー」などを用いて、自分で引き取って自己確認をする点が

特徴的である。これは能勢に限らず少なくとも京阪神地方においては一般的傾向と言える。

　ここで重要なのは、①〔客観的状況説明〕と〔主観的状況説明〕という、説明談話の種類の異なりを帰納的に抽出した点と、②それらがどのような言語形式によって表現されているかに言及した点である。また、談話を総体として扱った結果、①と②の両者に、東京方言と関西方言の地域差が存在していることが明らかにされている点も重要である。

　久木田が注目したのは、語や文などの言語素材そのものの地域差ではない。①意味内容が②どのように談話単位として結節されていくかという2点について、①説明談話の話種自体の地域的好みと②表現に使用される言語形式の地域的偏りに着目するという方法で、それらを談話総体に見られる変異として明らかにしたのであった。ちなみに、言語学的には、意味内容について個別具体的な陳述内容そのものは研究対象としないことが通例であり、ここに見るように談話の生成解釈に関与する抽象化しうる特徴に着目することが一般的である。日本語方言談話の表現論的研究における嚆矢として、久木田(1990)を位置づけることができよう。なお、同様の主題を扱った論考として、久木田(1992)、琴(2005)が発表されている。

　方言においては言語外現実の共通性が高く、言語的性質そのものの変異に注目することがたやすい。そのため、共通の話種を異なった方言間で共時的に比較対照することが、原理的に可能である。その意味で、方言談話論がもたらす知見は、話体論、表現論そのものにおいて重要である。糸井・半沢編(2009)のような包括的整理も行われており、今後も独自の研究が生み出されていくであろう。表現レベルの地域差を発想との関係から扱う最近の論考には、小林(2007b)、三井(2007)、沖(2007b、2009)などがある。また、言語構造の変異という点から、結節論と話体論を含んで談話の地域差を明らかにした沖(1993a、1993b)があるが、小林(2009)に整った紹介があるのでそちらに譲りたい。

4. 談話の心理的社会的文化的特徴の研究
4.1. 談話と言語外現実との関係

　談話は、言語外現実である社会や文化の在り方と大きく関係しており、心理もまた言語外現実のうちに位置づけられる。また同時に、言語総体である談話は、それ自体が文化のひとつとして位置づけられる。こうした言語と心理、社会、文化の接点に、言語行動の研究が位置づけられる。

　ことばと心理、社会、文化との関係については様々なアプローチがあろうが、たとえば、感謝表現を対象とした研究において、三宅（1994：10-11）が、1つの観点を的確にまとめている。長くはなるが、以下、引用して示したい。

　　　感謝するという言語行動は、さまざまな言語社会のなかで、かなり普遍的に繰り返される人間の日常的いとなみのひとつであろう。しかし、どのような状況のとき、どのように感謝を表現するか（またはしないか）は、それぞれの言語社会によって異なる。
　　　たとえば、アメリカでは人に「感謝のことば」（ここでは Thank you などのように一般的に感謝のことばと考えられているものをさす）をいうことが社会的に重要視され、幼児期から厳しくしつけられる（略）。レストランでウェートレスが料理を運んできたときや、スーパーのレジ係でお金を払ったときなど、店員も客も気軽に「感謝のことば」をかけ合う。ところが日本では、店員が「感謝のことば」をいっても、客が返事を返すことはとくに期待されていない。さらに、マラッタ語やヒンディー語（インド）話者の間では、金銭を介するサービスの場合、客も店員も「感謝のことば」を発するべきではないとされている（略）。また、家族や親類、親しい友人の間では、「感謝のことば」を発することはタブーで、そのような関係の者から「感謝のことば」をもらえば、侮辱されたか見下されたと考えるべきだという。
　　　異なる言語社会で「感謝のことば」がともに期待されている場面で

も、用いられる表現の種類が違う場合がある。たとえば、英語で"Thank you."という場面で、日本語では「すみません」のような一般に詫びを意味する表現がしばしば使われる。この使い方は、感謝と詫びはまったく異なる言語行動だという認識の強い欧米人にとって、しばしば奇異に感じられる。

さらに、英語で"Thank you."が使える範囲をカバーするためには、日本語では「感謝のことば」にさまざまなバリエーションが必要となる。日本語では、話し手と聞き手の親疎や上下関係、話し手の性、感謝すべき行為がなされる前か後か、などで細かく表現を変えなければならないからである。

このように、異言語間の感謝の言語行動にはさまざまな違いがあり、その違いにはその言語が話される文化・社会の規範や価値観が大きく反映している。

三宅(1994)は、感謝に関する言語調査を行い、日本語で「すみません」が多く使われる場面をとりあげて日英で比較した。その結果、それぞれの場面で感じられる気持ち(心理)自体に日英で差異が認められる場面があることを実証的に明らかにし、さらに、それらの場面で使用する言語表現の日英差に言及している。文化・社会の規範や価値観の談話への反映については、日本国内の地域方言、社会方言においても研究されるべきことがらであろう。第2言語として使用される外国人の日本語変種の特徴についても心理を含めた文化が反映しており、方言談話論として解明すべき点が指摘されている(沖(2007a))。

言語行動論では、三宅の視点に加えて、言語形式それ自体の地域差についても留意される必要がある。三宅論文の例でいえば、英語の Thank you と日本語の「ありがとう・すみません」との言語形式そのものの意味の差異は問われていない。これに対して沖(1994)では、日本語の「ありがとう(ありがたい)」には、人間に対する感謝だけではなく、大きな願いがかなったときに心情表出としてもらす使用例があり、単なる対人感謝表現にとどまらない

ことを指摘している。感謝場面において謝罪的感謝表現である「すみません」が使用されるのも、言語形式の意味と「感謝」行為そのものの異同から見た説明が可能である。地域文化の在り方と関係した言語形式という観点からの説明によって、談話、言語行動、言語生活の地域差は、今後、より明らかにされるであろう。

　言語行動論は、結節論、話体論、表現論に重なる点があるが、言語と言語外現実との関係に対して積極的に注目する点で、談話論が解明すべき第3の領域として位置づけることができよう。言語行動には、言語、心理、社会、文化が複合的に結節されていることに留意する必要がある。

4.2. 言語行動論の現在

　談話と心理、社会、文化との関係を考察対象にした研究には、タイプの異なる研究が含まれている。近年の研究例でその典型を挙げれば、室山(2001)と国立国語研究所(2006)がある。

　室山(2001)が扱ったのは、語彙体系の内に観察される社会文化的特徴と、語彙体系を使用する行動である。社会がどのように言語に反映されているか、また、村落共同体がどのように言語によって社会を成していったかという双方向の視点から、言語と心理、社会、文化との関係を扱っている。広島県下13地点および鳥取県下、愛媛県下各2地点、計17地点で対人評価語彙を採取し、これら17地点の資料をすべて集約し、この方言性向語彙が負の評価に大きく傾くことを実証した。また、対人評価語彙が他者に向かって使用されるときには、何らかの具体的な批判意識をこめて使用されることが多いことを指摘し、こうした他者に対する評価的言語行動が、同時に自身の態度、振舞い、性格を他者の眼差しに依拠して規制する言語的指標としても働くことを明らかにしている。なお、社会的背景に考慮しながら、行動と言語行動との関係に留意した研究的枠組みを整理する論考に西尾(2008)がある。

　国立国語研究所(2006)は、言語行動の地域差を対象にした最近の研究のひとつである。杉戸・尾崎(2006)が「配慮」という表現態度への留意を述

べ、熊谷・篠崎 (2006)、尾崎 (2006a、2006b)、陣内 (2006)、吉岡 (2006) が配慮の言語行動における地域方言、社会方言の実態解明にとりくみ、多角的な検討がなされている。敬意表現を総合的に捉え、また、言語使用に起因する国際言語摩擦の解消を念頭におく点も、応用談話論につながる重要性を感じさせる。

　言語行動の研究には、場面における表現についての使用意識を尋ねる、表現法調査という手法がある。1950年代に国立国語研究所によって行われた岡崎の敬語使用調査にすでに用いられた方法で、その後『方言文法全国地図』のための調査や、外国語との対照言語行動研究など、表現法調査は広く利用されている。先の三宅や熊谷・篠崎、尾崎論文がとったのも、この方法である。結果の分析には、場面と言語表現の関係を定性的に分析する方法と、両者の関係を定量的に分析する方法[6]、さらに言語地理学的に概観する方法などがあり、これらを組み合わせることもある。場面と使用表現との関係を観察する表現法調査の場合、背景となる言語外現実が異なってくると場面設定の共通性を担保することが難しくなる点を考慮する必要がある。

5. 談話論の3領域と2視点

　以上、談話論を次の3領域に分ける考え方を述べた。(1)は、言語記号の自律的側面の研究、(2)は、述べ方にみる言語使用の偏り方の研究、(3)は、言語と言語外現実との関係に関する研究である。それぞれ、結節論、話体論・表現論、言語行動論と呼んだ。

　　(1)談話の記号面の研究(＝結節論)
　　(2)談話の様式・表現面の研究(＝話体論・表現論)
　　(3)談話と文化の研究(＝言語行動論)

　これら3領域を研究するうえで必要な視点を、2点挙げたい。まず、(4)がある。

(4)言語接触における談話の変容

　談話論の基本的な目的は、異質な他者同士が意思を疎通するしくみの解明をめざすところにある。談話は、自者他者の言語文脈と言語外現実である非言語文脈の両者を、自身の言語文脈に取り込みながら時間軸に沿って展開する。時間軸に沿った談話の動的展開のなかで、個人とその言語がどのように変容していくかという視点は談話観の中核をなし、(1)(2)(3)の領域のなかでそれぞれに解決されるべき課題として位置づけられる。この意味で、談話論は、それ自体が言語接触論そのものであるともいえる。なお、(4)に関して、方言学の観点からは、特に言語共同体自体の変容という問題がこれに加わるであろう。日本国内の複数の地域・社会方言話者同士の接触のみならず、現在の日本語の国際化をみれば、他国の地域方言話者と日本国内の地域方言話者との接触も射程に入る。それぞれの話者の言語と文化が接触によってどのように組み替えられていくかという問題に関して、時間軸に沿ってミクロ、マクロに展開する談話をつぶさに研究することにより、これまでに知られていない側面が明らかになろう。このことは、地域語というものを固定的に捉えるのではなく、また、社会方言をも固定的に捉えるのではなく、個人の中に多面的に存在する地域性や社会性をいかに捉えるかという視点につながっていくであろう。なお、一般に言語は文化より変容しにくいことに留意すれば、言語がどのように文化的変容を防ぎ阻むか、という視点もまた成立すると考える。変容とは逆に、気づかれずに残っていく特徴にも積極的に焦点をあてる必要があろう。

　さらに、次の(5)のような視点を加えることも必要であると考える。

(5)外言と内言の交渉

　外言とは、音声を伴って外に出されたことばのことで、何らかの意思を人に伝えるコミュニケーションのための社会的言語を指す。他方、内言とは、音声を伴わない思考のためのことばを指して用いられる(『国語教育研究大辞

典』田近洵一執筆)。談話は、他者との相互行為が注目されやすいが、言語が思考と密接な関係にあることを思うと、自己自身との対話についても、今後、言語学は真剣に考察すべき研究課題として意識する必要があると思われる。言語記号の研究としても、様式的表現的研究についても、内言と外言の問題と無関係ではない。たとえば、感動詞は意味内容が未分化なまま発露したものという見方[7]なども、談話の内言と外言の関係から一考する余地がある。内言がどのように外言化されるかとともに、外言が内言をどのように育てるかについても、幼児の言語発達を対象としたヴィゴツキーの研究を成人の言語研究に広げて考察する必要があろうと考える。

　以上、談話論を3領域に分け、留意点を2視点として整理してみた。以上は、沖(2006)で述べた談話論をもとに、さらに考察整理を進めたものである。

6. おわりに

　談話論は、結節と結節法の研究から成る。談話における結節的規則と、文における構文的規則には質的な差があり、談話は談話独自の研究領域を有している。本論では、言語学的談話論の下位分野として、狭義の結節論、話体論と表現論、言語行動論の3領域を置くことを述べた。また、これらの研究に際して、言語接触における談話の変容と、外言と内言の交渉という、2視点に留意する必要についても言及した。

　談話は開いた単位であって、地域性や社会性を観察対象から除いては考察が成立しない。そのため、記述の観点からみれば、談話論と方言談話論の区別は特にないといえる。記述に際して、音声的変異に注意し、変種と言語接触および言語変化について特に意識する場合には、方言談話論と呼ぶことになろう。こうした着眼点を有することから、方言談話論は、談話論そのものに対して豊かに貢献する可能性を秘めていることについても述べた。

〔付記〕本論は、日本方言研究会第80回研究発表会シンポジウム発表原稿を一部含

み、『日本語談話論』をふまえつつ、全体を新たに書き起こしたものである。本研究は、平成 19 ～ 22 年度日本学術振興会科学研究費補助金（基盤研究 C）「日本語的発想と表現との関係に関する対照談話論的研究」（課題番号 19520389 研究代表者沖裕子）に基づく成果の一部である。

注

1 テレビニュースの発話等のいわゆる「読みことば」、日記やチャットの文章等のいわゆる「聞きことば」など、談話と文章の境界領域も存在する。
2 別個に追及されほぼ同時に発表された郡 (2004) では、東京方言アクセントの実験音声学的計測によって、同様の結論に達している。
3 共通語化と待遇表現使用の観点から方言学における豊富な研究的蓄積があるが、紙幅の関係から省略に従う。ネオ方言の研究（真田 (1990)）、新方言の研究（井上史雄 (1985、1998) 参照）、「気づかれにくい方言」「気づかない方言」に関する研究（沖 (1999) 参照）は、それぞれ性格が異なるが、いずれも類型的話体意識を定義に含んでいる点を指摘しておく。談話資料の存在と動向については、井上文子 (2007) に詳しい。小林編 (2007a) に、スタイル研究が概観できる。
4 この把握は、必ずしも意識的なものとは限らない。また、意識化されたとしても、それを説明しうるかどうかは他の言語現象と同様、全く別のことである。
5 ルート型とは、道順などの空間表現について、当該の空間内に自己を置き、その空間内を移動しながら自己中心的に空間関係を捉える視点をとるもの、サーヴェイ型とは、当該の空間の外部に自己を置きその空間全体を捉える視点をとるものと説明されている。また、城・古山他 (2009)、Mori (2008) は、裁判に使用される自白談話の信憑性の研究において、体験の質と想起の形式および語りの形式の相関に言及したあと、想起が反復されることによって個人内習慣化と個人間習慣化が起こり、談話における空間表現の枠組みが平準化していくような変容があることにも言及している。
6 利用頻度が高いソフトに、場面と表現との相関を一元的数値で表現する GLAPS（荻野綱男氏開発）があり、対照研究においてしばしば利用されてきた。
7 田窪 (2005)。友定 (2005)、澤村・小林 (2005) は、感動詞を地域差の観点から考察している。

文献

庵 功雄 (2007)『日本語におけるテキストの結束性の研究』くろしお出版

池上嘉彦(1981)『「する」と「なる」の言語学―言語と文化のタイポロジー』大修館書店
池上嘉彦(1984)「訳者解説(テクスト言語学入門)」ボウグランド，R.d・ドレスラー，W 著　池上嘉彦他訳『テクスト言語学入門』紀伊国屋書店（原典は、1982 年刊行）
池上嘉彦(2006)「〈主観的把握〉とは何か」『月刊言語』第 35 巻第 5 号、大修館書店
井出祥子(2006)『わきまえの語用論』大修館書店
井上史雄(1985)『新しい日本語―《新方言》の分布と変化―』明治書院
井上史雄(1998)『日本語ウォッチング』岩波書店
井上文子(2007)「方言データベースの作成と利用」小林　隆（編）『シリーズ方言学 4 方言学の技法』岩波書店
糸井通浩・半沢幹一（編）(2009)『日本語表現学を学ぶ人のために』世界思想社
上野善導(1989)「日本語のアクセント」杉藤美代子（編）『講座日本語と日本語教育 2 日本語の音声・音韻(上)』明治書院
沖　裕子(1993a)「談話型から見た喜びの表現―結婚のあいさつの地域差より」『日本語学』第 12 巻第 1 号、明治書院
沖　裕子(1993b)「談話からみた東の方言／西の方言」『月刊言語』第 22 巻第 9 号、大修館書店
沖　裕子(1994)「方言談話にみる感謝表現の成立―発話受話行為の分析―」『日本語学』第 13 巻第 8 号、明治書院
沖　裕子(1999)「気がつきにくい方言」『日本語学　地域方言と社会方言』第 18 巻第 13 号、明治書院
沖　裕子(2001)「談話の最小単位と文字化の方法」『人文科学論集〈文化コミュニケーション学科編〉』第 35 号、信州大学人文学部紀要
沖　裕子(2004)「同時結節のしくみと東京方言談話」日本語文法学会『日本語文法』第 4 巻第 1 号、くろしお出版
沖　裕子(2006)『日本語談話論』和泉書院
沖　裕子(2007a)「談話論からみた方言と日本語教育」『日本語教育』第 134 号、日本語教育学会
沖　裕子(2007b)「中部(長野・山梨)方言」『日本語学』第 26 巻第 11 号、明治書院
沖　裕子(2008)「談話論からみた「文」と「発話」」串田秀也・定延利之・伝康晴（編）『シリーズ文と発話 2 単位としての文と発話』ひつじ書房
沖　裕子(2009)「発想と表現の地域差」『月刊言語』第 38 巻第 4 号、大修館書店
尾崎喜光(2006a)「依頼・勧めに対する受諾における配慮の表現」国立国語研究所『言

語行動における「配慮」の諸相』くろしお出版
尾崎喜光(2006b)「依頼・勧めに対する断りにおける配慮の表現」国立国語研究所『言語行動における「配慮」の諸相』くろしお出版
音声文法研究会(編)(1997–2006)『文法と音声Ⅰ～Ⅴ』くろしお出版
川上 蓁(1995)『日本語アクセント論集』汲古書院
木川行央(1996)「兵庫県西脇市方言における終助詞「ガナ」と「ヤンカ」・「ヤナイカ」」平山輝男博士米寿記念会(編)『日本語研究諸領域の視点』明治書院
金水 敏(1995)「談話標識の諸レベル—談話管理理論の視点から—」『音声言語情報処理』6-8-5、音声処理学会
郡 史郎(2004)「東京アクセントの特徴再考—語頭の上昇の扱いについて—」『国語学』第55巻2号、国語学会
小西いずみ(2000)「東京方言が他地域方言に与える影響—関西若年層によるダカラの受容を例として—」『日本語研究』第20号、東京都立大学日本語研究会
小林 隆(編)(2007a)『シリーズ方言学3 方言の機能』岩波書店
小林 隆(2007b)「文法的発想の地域差と日本語史」『日本語学』第26巻第11号、明治書院
小林 隆(2009)「談話表現の歴史」糸井通浩・半沢幹一(編)『日本語表現学を学ぶ人のために』世界思想社
久木田恵(1990)「東京方言の談話展開の方法」『国語学』第162集、国語学会
久木田恵(1992)「北部東北方言の談話展開の方法」『小林芳規博士退官記念 国語学論集』汲古書院
串田秀也・定延利之・伝 康晴(編)(2005–2008)『シリーズ文と発話1～3』ひつじ書房
熊谷智子・篠崎晃一(2006)「依頼場面での働き方における世代差・地域差」国立国語研究所『言語行動における「配慮」の諸相』くろしお出版
琴 鐘愛(2005)「日本語方言における談話標識の出現傾向—東京方言、大阪方言、仙台方言の比較—」『日本語の研究』第1巻第2号(『国語学』通巻221号)、日本語学会
甲田直美(2001)『談話・テクストの展開のメカニズム—接続表現と談話標識の認知的考察—』風間書房
国立国語研究所(2006)『言語行動における「配慮」の諸相』くろしお出版
澤村美幸・小林 隆(2005)「「しまった！」に地域差はあるか？」『月刊言語』第34巻第11号、大修館書店

佐久間まゆみ(編)(1989)『文章構造と要約文の諸相』くろしお出版
定延利之(1995)「談話における心的操作モニター機構―心的操作標識「ええと」と「あの(ー)」」『言語研究』第108号、日本言語学会
定延利之(編)(2000)『認知言語論』大修館書店
定延利之(2005)『ささやく恋人、いきむリポーター』岩波書店
ザトラウスキー, ポリー(1993)『日本語の談話の構造分析―勧誘のストラテジーの考察―』くろしお出版
真田信治(1990)『地域言語の社会言語学的研究』和泉書院
城 綾実・古山宣洋・片岡邦好・武長龍樹・松本 曜・森 直久(2009)「空間表現はいかにして構成されるのか―個人内要因と参与者間の相互作用―」『社会言語科学会第24回大会発表論文集』社会言語科学会
陣内正敬(2006)「ぼかし表現の二面性―近づかない配慮と近づく配慮―」国立国語研究所『言語行動における「配慮」の諸相』くろしお出版
杉戸清樹・尾崎喜光(2006)「「敬意表現」から「言語行動における配慮」へ」国立国語研究所『言語行動における「配慮」の諸相』くろしお出版
砂川有里子(2005)『文法と談話の接点―日本語の談話における主題展開機能の研究―』くろしお出版
高木千恵(2005)「関西若年層にみられる標準語形ジャナイ(カ)の使用」『日本語の研究』第1巻2号(『国語学』通巻221号)、日本語学会
田窪行則(1995)「音声言語情報処理の現状と研究課題 音声言語の言語学的モデルをめざして―音声対話管理標識を中心に―」『情報処理』第36巻第11号、情報処理学会
田窪行則(2005)「感動詞の言語学的位置づけ」『月刊言語』第34巻第11号、大修館書店
時枝誠記(1960)『文章研究序説』山田書院(書き入れに従って訂正を加え、時枝誠記(1977)『時枝誠記博士著作選Ⅲ 文章研究序説』明治書院として刊行)
友定賢治(2005)「感動詞への方言学的アプローチ―「立ち上げ詞」の提唱」『月刊言語』第34巻第11号、大修館書店
西尾純二(2008)「言語行動の多様性に関する研究の射程」『山口幸洋博士古希記念論文集 方言研究の前衛』桂書房
野村眞木男(2000)『日本語のテクスト―関係・効果・様相―』ひつじ書房
野村眞木男(2009)「文章・談話と表現」糸井通浩・半沢幹一(編)『日本語表現学を学ぶ人のために』世界思想社

野村雅昭(1994)『落語の言語学』平凡社
三井はるみ(2007)「要求表現形式「〜てほしい」の共通語としての定着―『方言文法全国地図』から見る」『日本語学』第26巻第11号、明治書院
宮岡伯人(2002)『「語」とはなにか　エスキモー語から日本語をみる』三省堂
三宅和子(1994)「感謝の対照研究　日英対照研究―文化・社会を反映する言語行動」『日本語学』第13巻第8号、明治書院
室山敏昭(2001)『「ヨコ」社会の構造と意味―方言性向語彙に見る―』和泉書院
メイナード，泉子・K. (1993)『会話分析』くろしお出版
メイナード，泉子・K. (1997)『談話分析の可能性―理論・方法・日本語の表現性』くろしお出版
吉岡泰夫(2006)「敬語についての規範意識」国立国語研究所『言語行動における「配慮」の諸相』くろしお出版
ロング，ダニエル・橋本直幸(編) (2005)『小笠原ことばしゃべる辞典』南方新社
Mori, Naohisa (2008) 'Styles of remembering and types of experience: An experimental investigation of reconstructive memory' "Integrative Psychological and Behavioral Science" 42

【比喩】

方言比喩語の地域差
―比喩の素材および関係に着目して―

半沢幹一

1. はじめに

1.1. 研究状況

　方言研究ゼミナール編(1993)は、全国規模で行った、方言における比喩語に関する調査の結果報告であり、日本の各地域において、同一対象を、どのような比喩による語句で表すかを知りうる、まさに、それまで「知られざる地域差」のあることばの実態を明らかにした、貴重な資料である。

　筆者はこの資料を利用して、半沢(1997)・半澤(1998)・半沢(1999)・はんざわ(2001)を発表し、方言比喩語に見られる特徴・傾向や、その研究に関する問題点などについて指摘してきた。しかし、この間、特定の地域あるいは語彙分野の方言比喩語を取り上げた研究は見られるものの(たとえば上野(2004)・新井(2007)など)、全国の方言比喩語を対象とした研究は他には見受けられない。

　わずかに見られる、関連する記述として、町(2002)が「方言の比喩の世界は想像以上に豊かである。これまでの方言研究で、比喩的な意味の体系的な記述や文脈を考慮に入れた比喩の理解のメカニズムの解明は本格的にはなされていない」(p.96)としたうえで、方言研究ゼミナール編(1993)の調査を簡単に紹介するが、「方言の語彙研究においても、比喩研究は今後の重要な課題とされよう」(p.98)と述べるにとどまっている。また、小林(2009)が、はんざわ(2001)を取り上げ、「東日本より西日本の方が比喩表現を好むとい

う特徴は、オノマトペとは逆に、間接的な表現が新しく発達したものであることを示すものとみなしてよいかもしれない」(p.207)のように、言及はしている。

このように、方言比喩語に関する研究がほとんど未開拓な状況にあることの原因としては、さしあたり次の2点が考えられる。1つは、方言研究ゼミナール編(1993)を資料とする場合、その入手の面倒もさることながら、調査の項目や地点の偏り、調査方法の不統一などの問題点が認められること、もう1つは、半沢(1997)や半沢(1999)に指摘したように、調査のうえで、比喩としての認定、比喩語という意識の確認などの困難があること、である。

全国方言辞典の類いは各種、出版されているが、各方言語彙の由来つまり比喩に成り立ちによるものかどうかまでを記述するものはほとんどなく、真田・友定編(2007)のように、方言語彙の語源を解説した辞典も見られるものの、その語源が各地の方言話者に意識されているかまでは知りえない。方言に限らず、比喩語か否かは、現使用者自身が、それが正しいか否かを別として、比喩としての意識を説明できるか否かによってこそ判断されるものである。

このことを考えるならば、方言比喩語を研究する場合、単なる語彙調査にとどまらず、その意識までも対象にしなければならない。その点において、方言研究ゼミナール編(1993)は画期的な意味をもつのであり、それを資料とする価値があると考えられる。かりにデータの偏りや比喩語としての認定の問題による不備や過誤があったとしても、それは今後の本格的な調査を俟って正してゆくしかあるまい。今現在は、方言における比喩語に対して、研究の可能性として考えられる限りでの見通しと、できるだけの妥当性をもつ方法によって、検討することが必要であろう。

1.2. 整理・分析方法

本論においては、副題に示すように、とくに方言比喩語に用いられている素材に着目し、どのような素材がどのくらい、どのような対象に対するたと

えとして用いられているかを整理し、それが地域によってどのように異なるかを明らかにしてみたい。これは、半沢 (1997) において、「方言における、比喩としての発想のありかたの共通性と相異性あるいは普遍性と個別性を指摘するため」の基準として挙げた4つの観点のうちの4番目、「どのようなものを用いてたとえるかということ、すなわち、対象全般あるいは対象ごとに、それをたとえるための素材や分野に傾向の違いがあるか否か」(p.568) という観点に基づくものである。

　たとえに用いられる素材の如何についての研究は、とくに文体との関係で様々に行われ、比喩表現を取り上げる研究の大半を成してきたと言っても過言ではないほどであるが (ただし、これに関する問題については、半澤 (2005) を参照)、方言比喩語に関しては、その特徴・傾向の指摘は、室山 (1992) に見られる程度であり、それも1地域の方言に限定されている。

　資料とするのは、以前と同様に、方言研究ゼミナール編 (1993) の、国内47地点に、筆者自身が調査した6地点の、計53地点のデータであり、その一々の地点名は挙げないが、地域別の地点数は以下のとおりである。なお、地域の区分は便宜的に行政上のそれに従った。

　　北海道 (1道1地点)、東北 (6県7地点)、関東 (1都4県7地点)、中部 (6県6地点)、近畿 (1府4県8地点)、中国 (5県10地点)、四国 (3県3地点)、九州 (4県10地点)、沖縄 (1県1地点)

　一覧して明らかなように、地点数が近畿・中国・九州地域など西日本に傾くいっぽう、北海道と沖縄は1地点のみ、中国も3地点と、他に比べて少ないため、後の検討においても、これら調査地点数の少ない地域の結果は参考程度にとどめざるをえないことを、あらかじめ断っておきたい。

　調査項目は、以下のとおり、6種類に分類された77項目であり、これらを対象として比喩が用いられた方言語彙を取り扱う。

　I　自然現象　8項目

1. 日照り雨　2. 入道雲　3. 旋風　4. 霜柱　5. つらら　6. 北斗七星　7. 昴　8. 流れ星

II　動物　10項目

9. かわはぎ　10. ひらめ　11. ひきがえる　12. 青大将　13. とかげ　14. かまきり　15. みずすまし　16. きつつき　17. せきれい　18. ふくろう

III　植物　13項目

19. 馬鈴薯　20. とうもろこし　21. いんげん豆　22. そら豆　23. 木くらげ　24. げんのしょうこ　25. どくだみ　26. いたどり　27. からすうり　28. すみれ　29. 春蘭　30. 母子草　31. ねむの木

IV　性向　24項目

32. 熱しやすく冷めやすい人　33. あわてん坊　34. 動作の鈍い人　35. 嘘つき　36. ほらふき　37. おしゃべり　38. 冗談言い　39. 口先だけの人　40. とんちんかんなことを言う人　41. のらりくらり煮えきらない人　42. 怒りっぽい人　43. 気むらな人　44. 泣き虫　45. おてんば娘　46. 腕白坊主　47. 出しゃばり　48. どこへでも顔を出す人　49. 家にこもって外出しない人　50. 小心者　51. 内弁慶　52. 人づきあいをしない人　53. 妻に対して頭の上がらない人　54. けち　55. 欲張り

V　食生活　7項目

56. 大食漢　57. ぼたもち　58. 砂糖味が薄い　59. 塩味が薄い　60. 大酒飲み　61. 酒に酔ってくだをまく　62. 酒に酔って顔が赤くなる

VI　動作・様態　15項目

63. 恥ずかしくて顔が赤くなる　64. どしゃ降りの雨　65. ずぶ濡れ・びしょ濡れになる、そのさま　66. 服装がだらしないさま　67. 髭がのび放題なさま　68. 厚化粧をしている人　69. 背丈の高い人　70. 出べそ　71. 汗がひたいから流れ落ちる　72. 目を丸くする　73. 口をとがらす　74. 焦げ臭いにおい　75. 遠廻り（をする）　76. 末っ子　77. 一生懸命頑張る

これらに関して、後の、たとえられる対象(これを「比喩対象」と称する)の整理・分析のために、ⅠⅡⅢの計31項目を「自然関係」、ⅣⅤⅥの計46項目を「人事関係」としてまとめ、対比的に捉えることにする(ⅤのNo.57〜59やⅥのNo.64・74は人事そのものとは言いがたいが、元の分類のままにしておく)。

たとえの語句に用いられている素材として(これを「比喩素材」と称する)今回取り上げるのは、自然関係に含まれる、自然現象と動物と植物に該当する素材である。これらに限定するのは、人事関係の素材に比べ、たとえにふさわしい具体性を帯びていて、かつ地域差が出ることが予想されるからである。なお取り上げる際は、方言語形としてのバラエティがあっても、また方言比喩語の一部であっても、同一種類と認められる素材は一括し、地点別ではなく地域別の単位で、それぞれの素材がたとえに用いられているかどうかを確認する。

何を何にたとえるか、言い換えれば、どんな対象に、たとえとしてどんな素材を用いるか(これを「比喩関係」と称する)については、その対象と素材の、どちらの観点からも整理することが可能であるが、今回は素材を中心として、それがどんな対象に対するたとえに用いられているかという観点から取り扱う。地域ごとの比喩的な発想のし方そのものの全般的な特徴は、対象からよりも素材からのほうが捉えやすく、素材自体の偏差と相関して、地域差が表れやすいと考えられるからである。なお、比喩関係の在り方には、隠喩(直喩)、換喩、提喩の3種類があるが、今回は議論を簡潔にするために、その区別をせずに取り上げることにする(それぞれの違いについては、半沢(1999)を参照)。

2. 比喩の素材および関係の全国概観

2.1. 全体の比喩素材と比喩関係

はじめに、全国的に、方言比喩語において、どの程度、自然現象(以下「自然」と称する)、動物、植物の素材が用いられているか、また、その素材

がどのくらいの比喩関係をもっているか、それぞれの種類数を示すと、表1のようになる。

表1 比喩素材と比喩関係の全体数

	素材	関係	頻度
自　然	23	37	1.6
動　物	52	122	2.3
植　物	21	27	1.3
全　体	96	186	1.9

　これによれば、素材としては、動物が他の2つに比べて圧倒的に多く、全体の5割以上を占める。比喩関係の種類になると、動物を素材とする割合がさらに高く、全体の約3分2にも及び、1つの素材の平均使用頻度ももっとも高い。この結果からいえるのは、全国的に方言比喩語の素材としては動物が選ばれやすく、かつ繰り返したとえに用いられる傾向が高いということである。
　次に、1つの素材が何種類の対象と比喩関係を成しているかを整理すると、表2のようになる。

表2 比喩関係数ごとの素材数

対象	自　然			動　物					植　物			全　体					
関係	4	2	1	9	7	5	3	2	1	3	2	1	9	7	5	4	3	2	1
素材	1	1	11	3	2	1	9	12	25	1	4	16	3	2	1	1	10	17	52

　全体数を見ると、9種類もの比喩関係をもつ素材が3つあり、それを含め5種類以上の関係をもつのは動物素材のみである。いっぽう、1種類の比喩関係しかない素材が全体で約6割、3分野の素材の中では、植物がもっとも多く、その約4分の3が1つの対象としか結びつけられていない。このことから、動物素材の比喩関係にもっともバラエティがあるのに対して、植物素材の比喩関係は固定的であるといえる。

次に、比喩素材の分野ごとに、どの分野の対象と比喩関係を結んでいるかをまとめると、表3のようになる（「計」の欄のカッコ内の数字は関係数全体に対する割合(%)である）。

表3　素材分野ごとの対象分野との関係数

対象＼素材	自然 I	II	III	人事 IV	V	VI
自　然	5	3	3	13	4	9
	\multicolumn{3}{c}{11}	\multicolumn{3}{c}{26}
動　物	7	9	19	51	13	23
	\multicolumn{3}{c}{35}	\multicolumn{3}{c}{87}
植　物	0	2	3	8	3	11
	\multicolumn{3}{c}{5}	\multicolumn{3}{c}{22}
計	12	14	25	72	20	43
	\multicolumn{3}{c}{51(27.4)}	\multicolumn{3}{c}{135(72.6)}

対象の分野を自然関係と人事関係の2つで見ると、全体の4分の3近くは人事関係を対象とした比喩関係になっていて、項目数（自然が31、人事が46）の差を考慮してもなお、人事をたとえることのほうが多く、素材の分野別に見ると、植物では人事が8割以上ともっとも高い。

I～VIの各対象分野では、IVの「性向」が全体の約4割で、項目数全体（Iが8、IIが10、IIIが13、IVが24、Vが10、VIが15）に対する割合の約3割を超え、自然素材および動物素材において最多である。ただ、植物素材についてのみ、VIの「動作・様態」を対象とすることが多い。

そもそも比喩素材を自然、動物、植物という自然関係に限定したのであるから、その対象が人事分野に偏るというのは、分かりやすくするという比喩（とくに隠喩関係）の目的からすれば、当然の結果ともいえる。いっぽう、自然分野の対象を自然分野の素材でたとえる場合は、比喩の中でも換喩関係によるものが目に付く。

参考までに、対象のほうから、いくつの素材と比喩関係を結んでいるかを

見ると、表4のようになる。

表4 対象ごとの比喩関係数

対象分野＼素材分野数	3	2	1	0
Ⅰ 自然現象	0	0	6	2
Ⅱ 動物	0	2	8	0
Ⅲ 植物	1	2	8	2
Ⅳ 性向	1	9	12	2
Ⅴ 食生活	1	3	1	2
Ⅵ 動作・様態	1	8	4	2
計	4	24	39	10

　自然関係3分野すべての素材と比喩関係を成す対象が4項目(No. 30「母子草」・40「とんちんかんなことを言う人」・62「酒に酔って顔が赤くなる」・69「背丈の高い人」)、どの分野とも比喩関係がないのが10項目(No. 4「霜柱」・7「昴」・20「とうもろこし」・22「そら豆」・36「ほらふき」・53「妻に対して頭の上がらない人」・57「ぼたもち」・58「砂糖味が薄い」・74「焦げ臭いにおい」・75「遠廻り(をする)」)、残りの約8割が2分野もしくは1分野の素材との比喩関係が見られる。

2.2. 比喩素材の具体例

　具体的に、比喩素材となったものを、分野ごとに比喩関係の多い順に挙げると、次のとおりである(カッコ内は、比喩関係にある対象項目の種類数)。

《自然》
　　カワ［川］(4)、アメ［雨］・テンキ［天気］・テンビ［天火］・ニジ［虹］・カゼ［風］・ミズ［水］・タキ［滝］・イシ［石］・ヤマ［山］(以上2)、ソラ［空］・ホシ［星］・クモ［雲］・カミナリ［雷］・ユーダチ［夕立］・ヒノタマ［火玉］・ヒ［火］・セ［瀬］・カワラ［河原］・スナジ

[砂地］・アリジゴク［蟻地獄］・ホラアナ［洞穴］・ショーニュードー［鍾乳洞］(以上1)

　自然分野では、「カワ［川］」が4種類で最多であるが、「川流れ」や「川倒れ」などの複合語の例を含めた、補助的な素材としての例であり、複数の関係のある素材の多くもそれにあてはまる。全体として天象と地儀の関係においては、とくに偏りが認められない。

《動物》
　ウマ［馬］・ネコ［猫］・ネズミ［鼠］(以上9)、ウシ［牛］・キツネ［狐］(以上7)、カメ［亀］(5)、クマ［熊］・トラ［虎］・サル［猿］・ヘビ［蛇］・カエル［蛙］・タコ［蛸］・ドジョー［泥鰌］・ナメクジ［蛞蝓］・魚関係(以上3)、イヌ［犬］・ウズラ［鶉］・ニワトリ［鶏］・ヒバリ［雲雀］・ナマズ［鯰］・フグ［河豚］・タニシ［田螺］・カニ［蟹］・セセリ・ノミ［蚤］・鳥関係(以上2)、タツ［竜］・イタチ［鼬］・ウサギ［兎］・オーカミ［狼］・カワウソ［獺］・パンダ・ヤマアラシ［山嵐］・スズメ［雀］・タカ［鷹］・ハト［鳩］・フクロー［梟］・モズ［百舌］・ウワバミ［蟒］・ウジ［蛆］・カイコ［蚕］・クモ［蜘蛛］・トンボ［蜻蛉］・ハエ［蝿］・ホタル［蛍］・ミミズ［蚯蚓］・オコゼ・カツオ［鰹］・フカ［鱶］・ボラ［鯔］・メダカ［目高］・メバル(以上1)

　3分野の中ではもっともバラエティに富むのが動物素材であり、哺乳類、鳥類、爬虫類、魚類、虫類など、多岐にわたるが、ほとんどは日本全国で見られるものが比喩素材となっている。このうち上位を占めるのは、人間生活になじみの深い動物ばかりであり、そのために様々な点に着目され、たとえに用いられているといえる。

《植物》
　ゴボー［牛蒡］(3)、タケ［竹］・ヒョータン［瓢箪］・シーナ［秕］・ア

ズキ［小豆］(以上2)、スギ［杉］・マツ［松］・イタドリ［虎杖］・ウド［独活］・カタクリ［片栗］・キノコ［茸］・キンカン［金柑］・コメ［米］・ジュンサイ［蓴菜］・ズイキ［芋茎］・ダイズ［大豆］・ドングリ［団栗］・ニンジン［人参］・ムギ［麦］・ヤマイモ［山芋］・ラッキョー［辣韮］(以上1)

植物素材全体で目立つのは食用に関わる植物で、それ以外も生活用品に関連するものであり、草花が素材になる例は見当たらない。

3. 比喩の素材および関係の地域差

3.1. 地域別の比喩素材および比喩関係

以上の全国的な様相をふまえたうえで、各地域の結果を整理すると、まず比喩素材の種類数は、表5のようになる(「計」の欄の％は自然関係素材の総数(96種類)に対する数値である)。

表5 地域別の比喩素材数

	北海道	東北	関東	中部	近畿	中国	四国	九州	沖縄
自然	3	9	9	6	5	10	7	13	4
動物	8	16	12	11	26	26	7	27	4
植物	2	2	5	3	2	11	2	4	0
計	13	27	26	20	33	47	16	44	8
％	13.5	28.1	27.1	20.8	34.4	49.0	16.7	45.8	8.3

この表から明らかなのは、西日本のほうが東日本より比喩素材が豊富ということであり(調査地点数の少ない四国や沖縄を除く)、とくに中国地域と九州地域では全素材の半分近くが見られる。

はんざわ(2001)で、方言比喩語の平均出現割合(％)を、地域別に算出した結果は次のとおりであった(地域の区分のし方が本論とは多少異なる)。

北海・東北	関東	中部	近畿	中・四国	九州
32.0	29.0	27.0	34.7	38.9	45.6

　これと表5とを見比べてみると、方言比喩語の出やすい地域では、自然関係の素材がその比喩によく用いられるという相関関係のあることが想定される。
　自然、動物、植物の分野ごとに見ると、どの地域でも動物素材がもっとも多いことに変わりはないが、近畿地域は8割近くもあるのに対して、関東地域では5割を切っている。自然素材では、逆に近畿地域がもっとも割合が低く、総数の少ない四国地域や沖縄地域の高さが目に付く。植物素材については、全地域とも少ない中、中国地域の2桁が目立っている。
　次に、素材分野ごとの比喩関係の種類数を、地域別に出すと、表6のようになる（「計」の欄の％は、関係総数（186）に対するもの。また「平均」欄は各素材の平均使用頻度）。

表6　地域別の比喩関係数

	北海道	東北	関東	中部	近畿	中国	四国	九州	沖縄
自然	3	9	10	7	6	12	7	13	4
動物	10	22	18	12	32	40	8	40	4
植物	2	4	4	3	2	12	2	5	0
計	15	35	32	22	40	64	17	58	8
％	8.1	18.8	17.2	11.8	21.5	34.4	9.1	31.2	4.3
平均	1.2	1.3	1.2	1.1	1.2	1.4	1.1	1.3	1.0

　総計によれば、表5の素材数とほぼ同じ結果となり、東日本より西日本のほうが概して関係数が多く、その中でも中国地域と九州地域がともに3割以上と、群を抜いている。素材分野を比較すると、関係数においても、動物素材がどの地域でも最多であるが、近畿地域が素材数同様、8割を占め、自然素材では関東地域、植物素材では中国地域が、それぞれ他地域に比べ高い割合になっている。

次に、比喩対象全体の分野ごとの種類数を、地域別にまとめると、表7のようになる。

表7　地域別の比喩対象分野

対象		北海道	東北	関東	中部	近畿	中国	四国	九州	沖縄
自然	I	1	4	4	5	4	3	2	6	1
	II	2	2	6	1	3	3	2	6	3
	III	0	4	3	2	2	10	1	6	1
	計	3	10	13	8	9	16	5	18	5
人事	IV	3	13	9	6	17	22	1	22	2
	V	2	3	3	4	6	9	4	7	0
	VI	7	9	7	4	8	17	7	11	1
	計	12	25	19	14	31	48	12	40	3
	%	80.0	71.4	59.4	63.6	77.5	75.0	70.6	69.0	37.5

　自然関係と人事関係に2分すると、北海道と沖縄の2地域を別にすれば、おおむね西日本のほうが東日本よりも、人事関係の対象をとる傾向が強く、近畿と中国の隣接する2地域がもっとも割合が高い。I～VIの各分野で目を引く地域を挙げると、IIIの植物では中国、IVの性向では東北・近畿・九州が挙げられるが、VIの動作・様態ではとくに認められない。

　表7の全体的な傾向を、比喩素材の分野ごとに見てみたのが、表8である。

方言比喩語の地域差　195

表8　地域別の素材分野ごとの比喩関係数

素材	対象	北海道	東北	関東	中部	近畿	中国	四国	九州	沖縄
自然	I	0	1	3	3	1	1	0	3	0
	II	1	1	1	0	0	1	1	2	1
	III	0	0	1	0	0	1	0	1	0
	IV	0	3	3	1	2	4	1	3	2
	V	0	1	0	1	2	1	2	1	0
	VI	2	3	2	2	1	4	3	3	1
動物	I	1	3	1	2	3	2	2	3	1
	II	1	1	4	1	2	2	1	4	2
	III	0	4	2	2	2	6	1	5	1
	IV	3	8	4	3	15	15	0	18	0
	V	1	1	3	3	4	7	2	5	0
	VI	4	5	4	1	6	8	2	5	0
植物	I	0	0	0	0	0	0	0	0	0
	II	0	0	1	0	1	0	0	0	0
	III	0	0	0	0	0	3	0	0	0
	IV	0	2	2	2	0	3	0	1	0
	V	1	1	0	0	0	1	0	1	0
	VI	1	1	1	1	1	5	2	3	0

　自然分野の素材では、中国と九州の2地域が、I～VIのすべてに比喩関係が認められ、動物分野の素材では、九州・近畿・中国の3地域がIVの対象をとる例が多く、植物分野の素材では、比喩関係自体が少ないが、VIの対象は沖縄を除きすべての地域で見られ、そのうち中国地域の比喩関係数が目立つ。

3.2.　比喩の素材および関係の地域共通度

　今度は視点を変えて、同一の素材がいくつの地域で共通に用いられている

196 比喩

表9 比喩素材の地域共通数

地域数	比喩素材			
	計	自然	動物	植物
8	3	1	2	0
7	4	1	3	0
6	3	2	1	0
5	4	1	3	0
4	6	3	3	0
3	14	2	9	3
2	18	3	11	4
上計	52	13	32	7
単独	44	10	20	14
%	45.8	43.5	38.5	66.7

かを示すと、表9のようになる。

　この表から、次の3点を指摘できる。第1に、1地域「単独」でしか用いられない素材が半分弱あること、第2に、動物素材は共通度が比較的高いのに対して、植物素材は低いこと、そして第3に、全9地域に共通する素材はなく、8地域共通が最高であること、である。

　8地域に共通するのは、タキ［滝］、ネズミ［鼠］・ネコ［猫］、7地域に共通なのが、テンキ［天気］、タツ［竜］・ウマ［馬］・ウワバミ［蟒］、6地域に共通なのが、ミズ［水］・ヒ［火］、キツネ［狐］、5地域に共通なのが、ユーダチ［夕立］、ウシ［牛］・カメ［亀］・タコ［蛸］である。

　これら共通度の高い素材は、比喩関係の在り方から2通りに分けられる。1つは対象も同一である場合で、たとえばタキ［滝］は8地域すべてで、No. 71「汗がひたいから流れ落ちる」さま、テンキ［天気］は7地域すべてで、No. 43「気むらな人」のこと、タツ［竜］はNo. 3「旋風」、ウワバミ［蟒］（オロチを含む）はNo. 60「大酒飲み」、キツネ［狐］はNo. 1「日照り雨」、ユーダチ［夕立］は「ユーダチグモ」の形でNo. 2「入道雲」、をそれぞれたとえたものであり、これらはすでに特定の方言比喩語というより共通

比喩語とみなすほうが妥当かもしれない。

　もう1つは素材は共通するものの、地域によって対象が異なる場合で、たとえばネズミ［鼠］は7地域でNo. 65「ずぶ濡れ・びしょ濡れになる、そのさま」をたとえるが、北海道だけでNo. 68「厚化粧をしている人」、東北だけでNo. 49「家にこもって外出しない人」・No. 52「人づきあいをしない人、社交性のない人」、近畿だけでNo. 51「内弁慶」、四国だけでNo. 1「日照り雨」のたとえに用いられ、ネコ［猫］は東北でNo. 24「どくだみ」、中部でNo. 51「内弁慶」、中国でNo. 30「母子草」、四国でNo. 65「ずぶ濡れ・びしょ濡れになる、そのさま」、とそれぞれ異なり、ウマ［馬］は5地域共通で「ウマヅラ」の形でNo. 9「かわはぎ」を表すいっぽう、関東でNo. 14「かまきり」とNo. 59「塩味が薄い」、近畿でNo. 40「とんちんかんなことを言う人」、中国でNo. 33「あわてん坊」とNo. 77「一生懸命頑張る」さま、と違った観点からのたとえにされている。

　次に、1地域においてのみ用いられている比喩素材数を、地域ごとに挙げると、次の表10のようになる（「計」の欄の％は、各地域における素材数に対するもの）。

表10　1地域のみの比喩素材数

	北海道	東北	関東	中部	近畿	中国	四国	九州	沖縄
自然	1	0	0	0	2	0	2	4	1
動物	1	7	0	1	4	2	1	4	0
植物	1	0	3	2	1	6	0	1	0
計	3	7	3	3	7	8	3	9	1
％	23.1	25.9	7.7	15.0	21.2	17.0	18.8	20.5	12.5

　それほど極端な差はないが、西日本が沖縄を除いてほぼ均等なのに対して、東日本において、東北地域は素材の独自性がもっとも高く、隣接する関東地域がもっとも低いという点が注目される。とりわけ東北地域は動物素材に独自性が目立ち、他に中国地域においては独自の植物素材が多い。ちなみに、東北地域の方言比喩語にのみ見られる動物素材は、イタチ［鼬］・ウサ

ギ［兎］・ウジ［蛆］・フクロー［梟］・カツオ［鰹］・カイコ［蚕］・ミミズ［蚯蚓］、中国地域のみで用いられる植物素材は、カタクリ［片栗］・キンカン［金柑］・ズイキ［芋茎］・スギ［杉］・ダイズ［大豆］・ニンジン［人参］、である。

最後に、1地域にしか見られない比喩関係数を抜き出してみると、表11のようになる（「計」の欄の％は、各地域の比喩関係総数に対するもの）。

表11　1地域のみの比喩関係

素材分野	北海道	東北	関東	中部	近畿	中国	四国	九州	沖縄
自然	1	3	4	1	3	5	1	6	2
動物	4	13	9	5	14	23	3	20	1
植物	1	3	3	2	1	8	0	4	0
計	6	19	16	8	18	36	4	30	3
％	40.0	54.3	50.0	36.4	45.0	56.3	23.5	51.7	37.5

割合で見ると、中部・近畿という中間の地域が低いのに対して、周辺の東北および中国・九州の地域は5割を越えている。つまり、周辺の地域では、そこ独自の比喩関係が自然関係の素材を用いた方言比喩語の半分以上に認められるということである。

分野別では、動物素材に関して、中国と九州の2地域の独自性が突出し、植物素材でも、中国地域が目立っている。

3. おわりに

以上、全国の方言比喩語に関して、その素材、および対象との関係について、おもに数量的に検討してきたが、それぞれの結果から、地域別の特徴・傾向として指摘しえたことを箇条書きにまとめてみると、次のようになる。なお、北海道と四国、沖縄の3地域は、データが少ないため、最後に一括して示す。

《東北地域》
・比喩対象として、Ⅳの「性向」に関する項目をとることが多い。
・1地域のみの比喩素材数において、その独自性がもっとも高く、とくに動物素材において顕著である。
・1地域のみの比喩関係数が5割を越えている。

《関東地域》
・動物素材が全体の半分もないのに対して、自然素材が他地域に比べ高い割合になっている。
・比喩素材の独自性がきわめて低い。

《中部地域》
・独自の比喩関係の割合が低い。

《近畿地域》
・動物素材が8割近くもあるのに対して、自然素材はもっとも割合が低い。
・比喩関係数においても、動物を素材とするものが全体の8割を占める。
・人事関係の対象をとる傾向が非常に高く、中でも動物素材を用いた、Ⅳの「性向」に関する項目が目立つ。
・地域独自の比喩関係の割合が低い。

《中国地域》
・比喩素材数が、全体の半分近く見られる。
・植物素材数が、全地方で少ない中、際立っている。
・比喩関係数が全体の3割以上と群を抜いている。
・人事関係の対象をとる傾向が非常に高い。
・比喩対象の分野としては、Ⅲの「植物」の割合が高い。
・自然分野の素材は、Ⅰ～Ⅵのすべての対象との比喩関係が認められ、動物分野の素材は、Ⅳの「性向」に関する項目を対象とする例が多く、植物素材も、最多の4分野の項目を対象とする。
・独自の植物素材が多い。
・独自の比喩関係数が5割を越えている。
・動物および植物の比喩素材の独自性が突出している。

《九州地域》
・比喩素材が全素材の半分近く見られる。
・比喩関係数が全体の3割以上もある。
・自然分野の素材は、Ⅰ～Ⅵのすべての分野の対象との比喩関係が認められ、動物分野の素材はⅣの「性向」を対象とする例が多い。
・独自の比喩関係が5割を越えている。
・動物素材に関する独自性が抜きん出ている。

《その他の地域》
　北海道地域については特記すべき点は見当たらないが、四国と沖縄の2地域は自然を素材とする割合が高い点が特徴的である。

　方言比喩語に関して、その素材と関係という観点において、全国および各地域から、相対的に特徴とみなしうる項目の数を考えれば、西日本の、とくに中国と九州の2地域が際立っているといえる。また、東北地域も全体的にはあまり目立たないものの、その独自性の高さが注目される。これらに比べれば、その両地域の中間に位置する、関東・中部そして近畿地域は総じて顕著な特徴が認めがたい。

　この結果は、広い意味での周圏分布を示唆していると考えられる。先にあげた、はんざわ(2001)の平均出現度の表も見直してみれば、東西差と捉えることもできるが、関東・中部・近畿を中間の地域とすると、その周辺の地域のほうが、割合は高くなっているのである。このような見方が可能ならば、先に引用した小林(2009)とは異なる見通しを立てる必要が生じよう。

　そもそも、比喩を用いやすいかどうかと、どのような素材を多く用いるかとは次元の異なることであって、とくに自然関係の素材については、地域によってそれ自体の存否やなじみ具合いの差があることが考えられ、言語レベルだけの分布の様相としては捉えきれない面がある。ただその分だけ、「知られざる地域差」の特徴が表れやすいかもしれないのであって、そこにこそ各地域にとどまらない、全国規模の方言比喩語の研究の意義も見出されるといえよう。

なお、今回の結果には、比喩素材を、自然・動物・植物という自然関係に限定したことや、地域を行政区分に従って分けたことなどの影響も考えられる。今後は、データの乏しい地域の補充調査とともに、方言比喩語の素材全体の、より細かい整理による、さらなる検証を期したい。

文献
新井小枝子(2007)「群馬県藤岡市方言における「養蚕語彙」の比喩表現」『日本語科学』21
上野智子(2004)『地名語彙の開く世界』和泉書院
小林　隆(2009)「談話表現の歴史」糸井通浩・半沢幹一(編)『日本語表現学を学ぶ人のために』世界思想社
真田信治・友定賢治(編)(2007)『地方別方言語源辞典』東京堂出版
半沢幹一(1997)「方言比喩語研究のために」加藤正信(編)『日本語の歴史地理構造』明治書院
半澤幹一(1998)「全国方言比喩語研究ノート―方言研究ゼミナール編『方言比喩語の研究』の基礎整理―」『共立女子大学文芸学部紀要』第44集
半沢幹一(1999)「方言比喩語の動機付けの傾向―馬鈴薯・どくだみ・すみれ・春蘭を例として―」佐藤武義(編)『語彙・語法の新研究』明治書院
はんざわかんいち(2001)「西の人は「たとえ」がお好き？―日本方言比喩語の東西比較―」『文学芸術』第25号、共立女子大学
半澤幹一(2005)「文体にとって比喩とは何か？」中村明他(編)『表現と文体』明治書院
方言研究ゼミナール(編)(1993)『方言資料叢刊　第3巻　方言比喩語の研究』
町　博光(2002)「方言の語彙と比喩」『朝倉日本語講座10　方言』朝倉書店
室山敏昭(1992)「方言性向語彙における比喩の生成と構造―山口県防府市野島方言の場合―」『国文学攷』132・133合併号、広島大学

索引

WH 疑問文　5, 11
Yes-No 疑問文　6, 11

あ
愛知県方言　138, 153, 158
青森県五所川原　2
アスペクト形式　135

い
一語文　126
「イ」で始まる語形　53
いや、有るよ　52

う
「ウ・ン」で始まる語　53
打ち込み引き上げ　61
ウンチェハァ　50

お
大阪人　152
オーバーラップ　103
岡崎市　144, 145
尾張地方　143
尾張方言　138, 158

か
外言　176
概念系　83, 85, 86, 90
概念系感動詞　83, 85-87, 89, 90
会話スタイル　101, 103
鹿児島方言　9, 19
型　98
関係性表示　128
関西人　151
関西方言　137, 149, 150, 158, 170, 171
感情性表示　128
感情の高ぶり　119
間接的な表現　44
感動詞　126
感動詞化　76

き
キーワード　137, 158
機能的要素　108
疑問詞　4-7, 15, 17, 19
京都方言　8

く
組み立て順序　111, 113

け
敬意表現　97
結節　171
結節法　162, 164
結節論　162, 164, 165, 171, 174, 175
言語記号性　120
言語共同体　167, 168
言語行動　107, 152, 172, 174
言語行動論　173-175
言語的な発想法　44
現場性の強い表現　44

こ
個　97
肯定の応答詞の地域性　62
コードスイッチング　168
コードミキシング　167-169
語形によって否定のニュアンスを表現する地域　54
語中の「ン」と「ー」　60
語頭音の「イ」と「ウ」の対立　60
コミュニケーション　138, 152, 158, 159
コミュニケーション機能　108, 109
混合言語　168

し
自己表現　97, 98
事態　119
事態把握　124
失敗談披露　101
質問行動　113
質問の文末詞　6, 7, 16
質問を表す文末詞　4, 5, 8
謝罪　112
周圏分布　200
周圏論的分布　53
修辞法　135
集団　97
主導権　138, 153, 159

上下意識　98
饒舌性　103
情報伝達効果　121
消滅する方言語彙の緊急調査研究　23, 68
助動詞ヨル　123
親愛的な態度　126
心情的ファクター　127
新人類　97
親疎意識　98
親密体　101
心理、社会、文化　172, 174

そ
存在表現　135

た
待遇表現　97
待遇表現体系　127
対人関係　125, 127
対人的言語行動　133
対人配慮性　121
立ち上げ詞　67
談話　161-163, 176, 177
談話運用　137
談話の変容　176
談話論　175, 177

ち
中央語　81
中間的性格の地域　57
長音化とストレス　61
直示　127
直接的な表現　44

つ
ツッコミ　158
ツッコむ　150, 151, 158

て
定型　87
定型化　87, 89, 90
丁重体　101
伝播速度　81, 82

と
東京方言　7, 137, 153, 158, 159, 170, 171
常滑市　140, 141
富山市　2
豊橋市　149

な
内言　176
長崎県壱岐郷ノ浦　17
長崎県対馬厳原　17
長崎方言　11
名古屋弁　138, 144

に
「ニャ」を含む語形　53
人称性　130

は
配慮　124
配慮の表し方　107
働きかけ方　108
発話意図　159
発話スピード　103

場面　175

ひ
非概念系　83, 85, 86, 90
非概念系感動詞　83, 85-87, 89, 90
卑語形式　127
否定応答詞に下記のようなバリエーション　51
否定応答詞に続く述部でニュアンスを表現する地域　56
否定応答詞のバリエーションには地域差　54
非定型　87
非定型化　90
卑罵　121
卑罵語　120, 121, 125, 127
比喩関係　187
比喩素材　187
比喩対象　187
評価的語彙　129, 130
表現に関する志向性　44
表現法調査　175
表現論　165, 170, 174, 175
広島市方言　12
品詞性　125, 126

ふ
福岡方言　15, 19
分化　87, 90
分化的　87
文体　165-167
文体（話体）　170

ほ
方言応答詞の研究　49

方言研究ゼミナール編
　（1993）　183
北部東北方言　137
ボケ　150
ボケ・ツッコミ　101, 149,
　152
ボケる　151
ポジティブポライトネス
　135

ま

マイナス待遇表現行動
　125, 135
松本市方言　12

み

三重県津市　3
三河方言　144
未展開文　126
未分化　87, 90
未分化的　87

む

無言対処率　133

り

りきみ　62
理由　139, 143, 149
理由づけ　141, 143, 149,
　153, 158

る

類型的話体　167, 168
類型的話体意識　167

わ

話者交替　103
話体　165, 167
話体論　170, 175
割り込み　103

ん

「〜ンニャ」の音形　60

執筆者紹介(論文掲載順)　＊は編者

木部暢子(きべ　のぶこ)　国立国語研究所教授
出身地は福岡県。専門分野は方言学、音声学、音韻論。『西南部九州二型アクセントの研究』(勉誠出版　2000)、『方言の形成』(共著　岩波書店　2008)

友定賢治(ともさだ　けんじ)　県立広島大学保健福祉学部教授
出身地は岡山県。専門分野は日本語学、方言学。『育児語彙の開く世界』(和泉書院　2005)、『地方別方言語源辞典』(共編　東京堂出版　2007)

小林　隆(こばやし　たかし)＊　東北大学大学院文学研究科教授
出身地は新潟県。専門分野は方言学、日本語史。『方言学的日本語史の方法』(ひつじ書房　2004)、『シリーズ方言学』全4巻(岩波書店　2006–2008)

澤村美幸(さわむら　みゆき)　日本学術振興会特別研究員
出身地は山形県。専門分野は日本語方言形成論。「方言伝播における社会的背景─「シャテー(舎弟)」を例として─」『日本語の研究』3-1(日本語学会　2007)、「〈葬式〉を表す方言分布の形成と社会的要因」『日本語の研究』4-4(日本語学会　2008)

陣内正敬(じんのうち　まさたか)　関西学院大学総合政策学部教授
出身地は佐賀県。専門分野は社会言語学、方言学。『関西方言の広がりとコミュニケーションの行方』(共編　和泉書院　2005)、『外来語の社会言語学』(世界思想社　2007)

篠崎晃一（しのざき　こういち）＊　東京女子大学現代教養学部教授
出身地は千葉県。専門分野は方言学、社会言語学。『ガイドブック方言調査』（共編著　ひつじ書房　2007）、『出身地がわかる！気づかない方言』（共著　毎日新聞社　2008）

西尾純二（にしお　じゅんじ）　大阪府立大学人間社会学部准教授
出身地は兵庫県。専門分野は社会言語学。『関西・大阪・堺における地域言語生活』（大阪公立大学共同出版会　2009）、「再検討・日本語行動の地域性」『言語』38-4（大修館書店　2009）

久木田　恵（くきた　めぐみ）　椙山女学園大学非常勤講師
出身地は兵庫県。専門分野は方言学、社会言語学。「東京方言の談話展開の方法」『国語学』第162集（国語学会　1990）、「方言談話における会話方法の地域性」月刊『言語』38-4（大修館書店　2009）

沖　裕子（おき　ひろこ）　信州大学人文学部教授
出身地は長野県。専門分野は日本語学、日本語教育学。『日本語談話論』（和泉書院　2006）、「アスペクト形式「しかける・しておく」の意味の東西差─気づかれにくい方言について」平山輝男博士米寿記念会編『日本語研究諸領域の視点』（明治書院　1996）

半沢幹一（はんざわ　かんいち）　共立女子大学文芸学部教授
出身地は岩手県。専門分野は日本語表現学。『日本語表現学を学ぶ人のために』（共編　世界思想社　2009）、『あそんで身につく日本語表現力』1-4（監修　偕成社　2010）

方言の発見──知られざる地域差を知る

発行	2010年5月26日 初版1刷
定価	3600円+税
編者	©小林 隆・篠崎晃一
発行者	松本 功
装丁者	上田真未
印刷製本所	三美印刷株式会社
発行所	株式会社 ひつじ書房
	〒112-0011 東京都文京区千石2-1-2 大和ビル2階
	Tel.03-5319-4916 Fax.03-5319-4917
	郵便振替 00120-8-142852
	toiawase@hituzi.co.jp http://www.hituzi.co.jp

ISBN978-4-89476-495-8

造本には充分注意しておりますが、落丁・乱丁などがございましたら、小社かお買上げ書店にておとりかえいたします。ご意見、ご感想など、小社までお寄せ下されば幸いです。